AF589916

HISTOIRE APOLOGETIQUE DE LA CONDUITE DES JESUITES DE LA CHINE,

ADRESSÉE A MESSIEURS DES MISSIONS ETRANGERES.

M. DCC.

AVERTISSEMENT.

DEPUIS que l'impreſſion de cet Ouvrage eſt achevée, il paroît ſous le nom de Mr de Cicé, une Replique à la Réponſe que les Jeſuites ont faite à la Lettre de Meſſieurs des Miſſions Etrangeres ſur les idolatries Chinoiſes. Si on avoit eu plutoſt cette Replique, on en auroit peut-eſtre fait icy la refutation, ſi toutefois on eût jugé que la choſe le meritât : car tout ce que l'on voit dans cette Replique eſt de la derniere foibleſſe. L'explication que Mr de Cicé y donne de l'Extrait qu'on a produit de ſa Lettre, ne ſert qu'à faire connoître ſon embarras. Il n'y a qu'à comparer cette explication avec l'Extrait même, pour voir qu'elle n'eſt pas ſoutenable : & ſi on ajoûtoit à cela ce qu'il a dit de vive voix à un grand nombre d'honnêtes gens de Paris, ſur les Ceremonies Chinoiſes, & qu'on luy produiſiſt ces témoins ; je ne ſçay comment il s'en tireroit. Il trouvera bon aprés cela, qu'avec tout le reſpect qu'on a pour luy, on ſuſpende ſon jugement ſur les quatre articles qu'il atteſte, ou du moins ſur le ſens qu'il y donne : Et il ne devroit pas ſe fâcher, ſi, à cette occaſion, on luy ren-

doit ce qu'il prête charitablement aux
g. 14. Jesuites, *qu'on n'apperçoit rien de simple, de rond, de net dans* son *procedé*. Le reste de sa Replique ne répond presque à rien de ce qu'on a dit dans la Refutation qu'on a faite de la Lettre de Messieurs des Missions Etrangeres. Tout est solide, tout est précis dans cette Refutation ; tout ce qu'on y avance est prouvé ; & rien ne l'est dans la Replique. Elle est, sans doute, un peu plus modeste que la Lettre de ses Confreres : on déclame & l'on déchire dans l'une : dans l'autre on gemit, & c'est tout ; mais ce n'est pas de quoy il s'agit. Au reste, on doit estre content du double desaveu que Mr de Cicé y fait : l'un, de ce que M. Charmot avoit avancé en matiere de Jansenisme : & l'autre, de la Lettre qui a esté publiée sous le nom de Mr l'Abbé de Lionne. Le desaveu du premier est édifiant, & l'autre est prudent. L'un & l'autre est digne de Mes-
. 20. sieurs des Missions Etrangeres, & *marque tout-à-fait*, pour me servir de l'éloge que leur donne Mr de Cicé, *le caractere de gens dont le Royaume n'est pas de ce monde*.

Au reste, pour ce qui est du témoignage & de l'image tirez du Livre du Pere Kirker, qui n'a jamais esté à la Chine ;

on luy opposera toûjours ce que disent là-dessus une infinité de Missionnaires, & en particulier Mr Charmot qui en vient, & qui parle en ces termes: „Nous n'avons jamais dit que les Chinois Lettrez ho-" norassent Confucius comme un Dieu, ni" les Ancêtres comme des Divinitez. *Nunquam diximus Confucium à Sinis litteratis ut Deum, Majores ut Numina coli.*" Quand on nous fait parler de la sorte," on nous attribuë des faussetez & des ab-" surditez; *res falsas & absurdas mihi ac*" *Reverendissimo Domino Maigrot affingunt.*" *Hist. cult. Sinens. pag. 296.* Or c'est de la Secte des Lettrez dont il s'agit dans cette affaire, & nullement des erreurs populaires qui se sont introduites à la Chine.

HISTOIRE APOLOGETIQUE DE LA CONDUITE DES JESUITES DE LA CHINE,

ADRESSE'E A MESSIEURS DES MISSIONS ETRANGERES.

LEs Jesuites, Messieurs, ont des adversaires, dont ils méprisent la haine & les injures, parce qu'elles font plus d'honneur que de tort à leur Compagnie. S'ils vous mettoient de ce nombre, ils ne se vengeroient de vos écrits que par le silence, & par les prieres, qu'ils feroient à Dieu de vous pardonner : Mais ils vous estiment & vous honorent, & vous croyent d'un caractere à donner du poids aux choses fâcheuses, que vous publiez contre eux. C'est cette raison, qui m'a obligé, comme membre de cette Société, dont la reputation me doit être chere, de faire leur Apologie contre vos accusations: Et comme je suis resolu d'y avoir plus d'égard à la charité, à la bienséance, à l'honêteté, que vous n'avez eu dans vôtre lettre, écrite côtre eux au Pape, je ne fais point de difficulté de vous adresser leur défense à vous-mêmes. J'ose esperer qu'elle fera autant d'impression sur vous, que sur le reste de ceux, qui la liront, & que le moindre effet, qu'elle puisse produire sur vôtre esprit & sur vôtre cœur, sera quelque regret, & un peu de confusion d'avoir si cruellement traité une Compagnie, qui devoit naturellement attendre toute autre chose de la vôtre. Ce que je prétens faire dans cét écrit est de vous rendre compte de la conduite, que les anciens Missionaires Jesuites ont tenüe à la Chine, pour se determiner au parti, qu'ils ont embrassé sur les ceremonies Chinoises, & de vous justifier celle de leurs successeurs, & de ceux, qui les défendent en Europe; car peut-être n'êtes-vous si fort prévenus contre les Jesuites d'aujourd'huy, tant d'Europe, que de la Chine, que parce que vous n'avez pas remonté jusqu'à la source, & que vous n'avez pas fait assez d'attention aux regles de prudence, que ces saints Fondateurs de la mission de laChine ont suivies d'abord, & que les autres dans les mêmes vûës ont continué de suivre & de soûtenir. Aprés avoir examiné la conduite des Jesuites, vous me permettrez de faire quelques reflexions sur la vôtre. C'est une partie de leur défense: & cela m'a paru necessaire, pour vous faire connoître jusqu'à quelle extrémité vous avez poussé les choses. Dieu veüille, Messieurs, si la verité est de vôtre côté, qu'on n'ait nul égard aux remontrances des Jesuites: Dieu veüille aussi que si elle est du côté des Jesuites, ils soient écoutez. Il s'agit d'une part de reformer un Christianisme corrompu: c'est ce que vous pensez, & sans doute selon Dieu:

& de l'autre de fermer la porte du ſalut à une infinité d'ames, rachetées du ſang de JESUS-CHRIST: & c'eſt ce qui eſt évident. C'eſt ſur quoy on ne ſçauroit prendre trop de précautions, pour decider. Prions Dieu vous & nous de ne pas refuſer ſes lumieres à ceux, qui doivent juger d'une ſi importante affaire.

La converſion de la Chine, Meſſieurs, fut longtems le digne objet des vœux du grand ſaint François Xavier, que les Jeſuites vous ont vû avec plaiſir prendre pour vôtre Patron. Il expira dans l'Iſle de Sancien à la vûë de cette terre promiſe, où, comme un autre Moyſe, il n'eut pas permiſſion d'entrer, pour en prendre poſſeſſion. Ce bonheur étoit reſervé à ſes Freres. Les premiers, qui y entrerent avec de tres-grands dangers en 1581. & en 1583. c'eſt à dire 28. ou 29. ans aprés ſa mort, furent deux Italiens, nommez, l'un le Pere Michel Rogeri, & l'autre le Pere Matthieu Ricci: circonſtance du tems, que j'ay dû faire remarquer; car aſsûrément l'eſprit, dont ce grand ſaint étoit animé, n'étoit pas encore éteint dans le cœur de ſes premiers ſucceſſeurs en ſes emplois Apoſtoliques: Tant d'autres Jeſuites, qui dans la ſuite expirerent au milieu des plus effroyables tourmens dans le Japon au voiſinage de la Chine, en ſont de fortes preuves.

Les deux Miſſionaires, que je viens de nommer, trouverent dans les Chinois de grandes diſpoſitions à goûter l'Evangile, par la Morale de Confucius, que ces peuples regardent comme leur Maître: Morale, qui eſt dans la plûpart des choſes, qu'elle enſeigne, tres-conforme à la raiſon & à la loy naturelle. Ils virent que dans cét Empire les ſuperſtitions & les idolatries des Bonzes étoient traitées avec le dernier mépris, & comme des folies & des erreurs populaires, par la secte des Lettrez, qui est la dominante. Mais d'ailleurs la veneration, que les Chinois avoient pour Confucius, les honneurs, qu'ils luy rendoient, l'attachement, qu'ils faisoient paroître pour certaines ceremonies, dont ils usent envers leurs parens & leurs ancêtres morts, parurent à ces Missionaires telles qu'elles nous paroissent d'abord à nous autres Europeans, quand nous ne faisons attention qu'à l'exterieur de ce culte, c'est à dire qu'elles leur semblerent à la premiere vûë pleine de superstition & d'idolatrie. Ils ne pouvoient accorder cela avec les idées des Lettrez, qui pratiquoient eux-mêmes ces ceremonies, & qui se moquoient en même tems des extravagances des Bonzes. Ils s'appliquerent à examiner les choses de plus prés. Ils parcoururent diverses Provinces. Ils eurent des conferences avec les Docteurs du pays. Ils remarquerent que les Mahometans, dont la Religion a une extréme opposition à l'idolatrie, ne faisoient nulle difficulté de pratiquer ces ceremonies; que les Chinois ne regardoient ni Confucius, ni les ancêtres comme des Dieux, ou comme des saints; qu'ils honoroient uniquement dans ce Philosophe la qualité de sage & de Legislateur, & dans les autres celle de Peres & d'Ancêtres, dont ils avoient reçû la vie; que ceux, qui tuoient des animaux en ces occasions, étoient de simples bouchers, & n'avoient nulle marque de Prêtrise. En étudiant les livres Chinois, ils trouverent l'Edit d'un Empereur de l'an 1384. par lequel il est défendu d'ériger des statües à Confucius, de rendre à ce Philosophe le culte, que les Idolatres rendent à la Chine à certains hommes morts, dont on y a fait autrefois l'Apothéose. Ils reconnurent qu'il ne se faisoit rien en l'honneur de Confucius & des morts, qui ne se fit en l'honneur des Rois & des Mandarins vivans, & qu'enfin ces ceremonies étoient plus anciennes à la Chine que l'idolatrie.

Si vous aviez, Messieurs, des témoins plus recevables, que ces premiers Missionaires, & que le grand nombre de ceux, qui aprés de pareils examens ont suivy leur sentiment, il vous seroit tout au plus permis de mettre la chose dans le doute : mais on ose dire que vous n'en avez pas de ce caractere. Je pourray dans la suite faire la comparaison des témoignages opposez sur ce sujet, & l'on jugera qui des uns, ou des autres devront l'emporter.

Les Missionaires employerent dix-huit ans à cét examen, avant que de prendre leur parti : & aprés qu'ils eurent fait toutes les reflexions, que je viens de dire, aprés en avoir de plus en plus connu la solidité par une laborieuse lecture des livres Chinois, aprés plusieurs conferences, qu'ils eurent entre eux sur ce sujet, aprés avoir fait de ferventes prieres à Dieu, pour luy demander ses lumieres, ils conclurent que ce seroit agir contre les desseins de la divine Providence, qui les avoit appellez à l'Apostolat de la Chine, que d'exclure tant d'ames du Royaume de Dieu, sous prétexte d'un exterieur de ceremonies, qui dans le fond étoient indifferentes d'elles-mêmes, & dont la fin, l'institution, & même l'usage present, pourveu qu'on en retranchât certains abus, n'avoient rien de mauvais ; qu'eux-mêmes n'en avoient été choquez d'abord, que parce qu'ils en avoient jugé sur les idées, qu'ils avoient apportées d'Europe, toutes differentes de celles du pays, où ils étoient : & ils se préscrivirent dés-lors une regle, qui fut depuis donnée par le Saint Siege même aux Vicaires Apoſtoliques de la Chine, *de ne point obliger ces peuples à changer leurs ceremonies, leurs coûtumes, & leurs manieres, à moins qu'elles ne fuſſent tres-manifeſtement contraires à la Religion & aux bonnes mœurs.*

Nullâ ratione ſuadete illis populis, ut ritus ſuos, conſuetudines, & mores mutent, modò ne ſint apertiſſimè Religioni & bonis moribus contraria. *Inſtruct. donnée aux Vicaires Apoſtoliques.*

Quel avantage, Meſſieurs, n'eſt-ce point là pour ces ſages & ſaints Miſſionaires, de s'être faite à eux-mêmes une regle de prudence, que le Saint Siege a donnée depuis aux Vicaires Apoſtoliques? Et quand on la jugeroit aujourd'huy fautive, n'y auroit-il pas au moins de quoy les diſculper, & de quoy vous engager à leur faire grace?

Ils ne s'en tinrent pas là neanmoins. Ils firent comme trois Claſſes de ces ceremonies. Il y en avoit, que la ſuperſtition des Bonzes avoit ajoûtées aux anciennes coûtumes. Ils les proſcrivirent, & défendirent à leurs Neophytes de les pratiquer. Entre celles, qu'ils jugeoient n'être que purement civiles, il y en avoit, qui n'étoient point préſcrites par les Loix de l'Empire: ils les défendirent auſſi, & ne permirent que celles, qui étoient abſolument indiſpenſables. Ils n'ont même jamais permis celles, qui ſe font aux Equinoxes à l'honneur de Confucius, quoy qu'ils ne les crûſſent que politiques, & nullement religieuſes.

Vous faites à cette occaſion, Meſſieurs, une quéſtion aux Miſſionaires Jeſuites dans vôtre lettre. *Si ces ceremonies,* dites-vous, *n'ont rien de mauvais, que ne les permettent-ils? Et s'ils ne les permettent point, que ne diſent-ils qu'elles ont quelque choſe de mauvais?* Cette quéſtion eſt ſuivie de pluſieurs reflexions malignes, qui ne font rien au ſujet, & qui ne ſont miſes, que pour outrager les Jeſuites, & les

Pag. 18.

rendre odieux. Je vous passe tous ces traits satyriques. Vous avez déja subi sur cela le jugement des honêtes gens, & de tous les gens de bien : C'est une assez grande punition pour vous, que de ne le pas ignorer. Je répons a vôtre quéstion, & à tous les raisonnemens peu solides, dont vous la soûtenez. J'y répons, dis-je, par une autre quéstion. Il est certain qu'aprés l'Ascension du Fils de Dieu, & la descente du Saint Esprit, saint Paul & les autres Apôtres permettoient encore certaines ceremonies Judaïques, qu'on n'eût pas pû quelque tems aprés pratiquer, sans commettre un grand peché. Qu'auroit-on dit, si aprés la mort des Apôtres on eût fait ce raisonnement: Ou ces ceremonies étoient mauvaises, ou elles ne l'étoient pas : Si elles étoient mauvaises, pourquoy les Apôtres les permettoient ils? Si elles ne l'étoient pas, que ne continue-t-on de les permettre ? Vous étes trop habiles, Messieurs, pour ignorer la réponse qu'on devoit faire à un tel raisonnement : & il ne faut pas étre grand Theologien, pour en appliquer la solution au vôtre.

Ce ne furent pas là les seules mesures, que prirent ces Peres. Ils crûrent que pour plus grande seureté ils ne devoient pas s'en rapporter à leur seul jugement. Il n'y avoit alors à la Chine ni Evêques, ni Vicaires Apostoliques. Je trouve dans les informations, que les Jesuites ont presentées à la Congregation du Saint Office depuis le nouveau procés, qu'on leur a intenté à ce Tribunal, que leurs anciens Missionaires envoyerent le resultat de leurs deliberations à l'Evêque de Macao & du Japon, & à des Theologiens de Rome. Il fut approuvé : & ces Missionaires crûrent aprés cette approbation qu'ils pouvoient sans imprudence suivre ce qu'ils

Pag. 8.

avoient jugé ſelon Dieu être le plus expedient pour la converſion des Chinois. Que pouvoient-ils faire de plus ſage, & qui fût plus ſelon les regles ? Oſeriez-vous, Meſſieurs, trouver quelque choſe à redire à cette conduite ? & pouvoient-ils en tenir une autre ? Mettons à part tous les interêts de parti. Mettez-vous vous-mêmes à leur place, & dans les mêmes circonſtances : euſſiez-vous agi autrement ? Ils peuvent s'être trompez : mais s'ils ſe ſont trompez en effet, leur erreur eſt-elle condamnable ? Meritent-ils d'être traduits comme des fauteurs d'idolatrie, comme des prévaricateurs du miniſtere Evangelique, comme des corrupteurs de la Religion, tels que vous les dépeignez dans vôtre lettre ?

Les Jeſuites eurent plus de peine à convenir entre eux ſur le terme de Xam-ti, & ſur quelques autres, dont il eſt encore aujourd'huy queſtion : Mais enfin aprés une infinité de conferences, tenües ſur ce ſujet, ils s'accorderent encore ſur ce point-là, & travailloient de concert avec beaucoup de fruit à la converſion des Chinois, lors-que vers l'an 1633. quelques Religieux de divers Ordres arriverent à la Chine, pour avoir part à cette miſſion.

A la vûë de ce qui ſe pratiquoit à l'égard de Confucius & des morts, il leur arriva ce qui étoit arrivé aux premiers Miſſionaires Jeſuites. Ils furent choquez de ce qui paroiſſoit à l'exterieur de pluſieurs de ces ceremonies : & quelques-uns d'eux dés la même année, c'eſt à dire, quelques mois aprés leur arrivée, ſans être encore inſtruits de la langue, ni des mœurs du pays, ſans avoir encore d'établiſſement dans aucunes villes, où ils n'oſoient paroître, de peur d'être arrêtez par les Magiſtrats, dreſſerent une information, qu'ils envoyerent aux Philippines.

pines. Elle fut presentée aux Evêques de ces Isles, deux desquels, sçavoir l'Archevêque de Manile & l'Evêque de Zebut, crûrent être obligez d'en informer le Pape. Ils luy manderent que les Jesuites à la Chine permettoient à leurs Neophytes de se prosterner devant l'Idole de Chin-hoam, d'honorer leurs défuns avec des ceremonies pleines de superstition & d'idolatrie, & de sacrifier à leur Docteur Cunfu-zu ; qu'ils leur cachoient le mystere de la croix du Sauveur; qu'ils ne leur administroient point l'Extréme-Onction; qu'ils negligeoient les sacrées ceremonies du Bâtéme ; & plusieurs autres choses semblables. C'est là la premiere calomnie, qui fut faite aux Jesuites touchant leur conduite dans la mission de la Chine.

Par bonheur ils avoient affaire à des Prélats, dont la probité égaloit le zele. Les Jesuites se justifierent auprés d'eux avec le tems : & aprés qu'ils en eurent été écoutez, ces sages Evêques voulurent bien les années suivantes leur rendre justice. Ils écrivirent au Pape qu'ils avoient été informez du contraire de ce qu'ils luy avoient mandé sur de fausses relations, & qu'ils se croyoient obligez en conscience à *justifier les Peres de la Societé contre de si injustes accusations, & à défendre de tout leur pouvoir l'innocence de ces mêmes Peres, aussi bien que la verité*. Ce sont les termes de leur lettre. Vous avez *Pag. 27.* fait mention dans la vôtre, Messieurs, de cette denonciation de l'Archevêque de Manile, & de l'Evêque de Zebut, contre les Jesuites, & vous l'avez fait beaucoup valoir. Mais permettez-moy de vous demander en quelle conscience vous avez passé sous silence la retractation de ces Prélats, qui justifie si authentiquement les Jesuites? Ce sont là de ces choses, que l'on ne comprend pas, & qu'il faut abandonner au jugement, que Dieu en portera.

Au reste je m'imagine bien, Messieurs, que quand cette information arriva aux Philippines, elle y causa contre les Jesuites un soûlevement pareil à celuy, que vous avez tâché d'exciter contre eux à Paris, & qu'on ne leur y épargna pas les qualitez d'Idolatres, de corrupteurs de la Religion, & d'autres semblables, que vous leur prodiguez dans vôtre lettre. Mais Dieu protegea leur innocence : & ils esperent qu'il aura la même bonté pour eux en cette occasion-cy : peut être même qu'en un tems plus favorable la retractation de ces deux Evêques seroit pour eux une piece bien justificative ; car aprés la démarche, que ces Prélats avoient faite auprés du Pape, il ne leur convenoit gueres d'en faire une autre si contraire, supposé qu'ils n'eussent pas été parfaitement convaincus de l'innocence entiere des Missionaires.

Aprés tout la denonciation de ces Religieux contre les Jesuites ne fut pas le plus grand mal, que causa leur zele indiscret. Ils commencerent à prêcher par interprete, & à publier hautement, que les Rois de la Chine depuis l'établissement de la Monarchie, aussi bien que Confucius, étoient tous damnez & brûlez en enfer. C'étoit mal s'y prendre que de debuter par là devant un peuple si prévenu en faveur de ses Souverains & de ses Legislateurs. Ces discours furent suivis de l'émotion du peuple, & puis des Edits des Magistrats contre les Missionaires, contre la Religion Chrétienne, & contre tous ceux, qui l'avoient embrassée, s'ils n'y renonçoient.

Ces nouveaux Missionaires furent heureux de rencontrer un Jesuite, nommé le Pere Manuel Diaz, qui les reçût chez luy, prit grand soin d'un d'entre eux, qui tomba malade, leur fournit de l'argent, pour retourner à Macao, où les Magiſtrats les obligerent de ſe retirer inceſſamment, & leur donna un Chrétien charitable, qui avoit du credit, afin de les défendre de l'inſolence des ſoldats, à qui on les avoit donnez en garde. C'eſt la maniere, dont il ſe vengea des accuſations, qu'on avoit faites contre ſa Compagnie : & vous ſçavez, Meſſieurs, par experience que cette maniere de ſe venger n'eſt pas extraordinaire aux Jeſuites de la Chine.

Tandis que ces Religieux prenoient le chemin de Macao, il en arriva d'autres, un deſquels par un zele, que l'ancienne Egliſe a condamné pluſieurs fois, alla arracher de la porte de la ville l'Edit, que le Gouverneur y avoit fait afficher, & ſe retira. Cét outrage acheva de mettre les Mandarins en fureur. On renouvella les Edits. Deux Jeſuites de ce canton, un deſquels étoit le Pere Manüel Diaz, dont je viens de parler, furent envelopez dans la Sentence, & furent obligez d'abandonner leur troupeau, contre lequel la perſecution s'alluma. Les Egliſes furent envahies par les infidéles, les Chrétiens furent les uns mis en priſon, les autres mis au carcan, les biens des autres furent confiſquez: &on vit aprés tout que ces Chrétiens, qu'on fait paſſer en Europe pour des demi-Idolatres, ſçûrent ſouffrir la perſecution en veritables fidéles.

Un de ces Religieux, qui avoit cauſé le deſordre, reconnoiſſant ſa faute un peu trop tard, en témoigna un grand regret, & écrivit au Pere Aleni Jeſuite (on a ſa lettre, écrite de Fogan le 16. de Novembre 1639.) & luy dit entre autres choſes, qu'il n'eſt pas à propos que de là à pluſieurs années on prenne une autre methode de prêcher l'Evangile à la Chine, que celle des Missionaires Jesuites, & qu'il en donne avis à ses Superieurs.

Par ce simple exposé historique, que je viens de vous faire, Messieurs, la conduite, que les anciens Missionaires Jesuites ont tenüe, ne vous paroit-elle pas assez bien justifiée? Ils ne se sont determinez qu'aprés dix-huit ans employez à examiner les choses, qu'aprés une étude exacte de la langue Chinoise, des livres Chinois, des mœurs, & des loix du pays, qu'aprés s'être pleinement instruits de l'origine, de la fin, de l'esprit des ceremonies, dont il s'agit, qu'aprés avoir conferé cent fois entre eux avec toute l'application possible, qu'aprés s'être proposé toutes les difficultez, qu'on pouvoit faire sur un sujet si important & si difficile, qu'aprés avoir consulté les Theologiens hors de la Chine, qu'aprés avoir pris l'avis du seul Evêque, qu'ils pouvoient consulter. Estant accusez, ils n'ont continué qu'aprés avoir rendu compte de leurs pratiques à deux Prélats des Philippines. Certainement c'est avec raison que Mr Maigrot dans son Mandement leur rend cette justice, qu'ils *ont embrassé la pratique, qui leur paroissoit selon Dieu la plus conforme à la verité.* Vous ne croirez pas peut-être les Jesuites, Messieurs, s'ils ajoûtent à tout cela que ces premiers Missionaires étoient des saints. Ils ont toûjours passé pour tels dans leur Compagnie, & il est difficile que des gens d'un autre caractere ayent entrepris de fonder une telle mission au peril de leur vie & de leur liberté, au prix d'une infinité de travaux & de fatigues dans un pays, où c'étoit un crime punissable par les loix pour un étranger, que d'oser y mettre le pied, & où ils ne devoient esperer d'avoir d'autre appuy que Dieu. Ah, Messieurs!

n'aurez-vous point quelques remords d'avoir traité ſi cruellement dans vos écrits des gens, qu'on avoit toûjours regardé comme des Apôtres, & que vous faites paſſer pour des ſcelerats ? Ce que je vay dire de la conduite de leurs ſucceſſeurs ſervira à confirmer ce que j'ay dit de la leur. Je n'ay beſoin pour cela que de continuer de toucher les points de l'Hiſtoire de l'Egliſe de la Chine, qui ont du rapport à ce ſujet.

Un Pere Dominicain, nommé Jean-Bâtiſte Moralez, ſembla d'abord vouloir prendre la voye la plus naturelle & la plus douce, pour ſe determiner ſur l'article des ceremonies Chinoiſes. Ce fut de propoſer ſes difficultez aux Miſſionaires Jeſuites, & de leur en demander la reſolution. Il fit une liſte de douze articles, ſur leſquels il pria qu'on l'éclaircît. Mais, ſans attendre la réponſe, il partit de Macao, pour venir en Europe, ſans que les Jeſuites euſſent rien ſçû ni de ſon voyage, ni de ſon deſſein. Il arriva à Rome ſous le Pontificat d'Urbain VIII. où il preſenta un Memoire, contenant ſes doutes ſur les ceremonies Chinoiſes, & ſur d'autres points de diſcipline, en dix-ſept articles. Ce Pape étant mort ſur ces entrefaites, ce fut ſous le Pontificat d'Innocent X. que la Congregation des Cardinaux répondit à ce Memoire. Ce fut là la premiere fois, que ces affaires furent portées à Rome.

Pour ne parler que des articles, qui regardoient les ceremonies Chinoiſes, tant à l'égard de Confucius, qu'à l'égard des Ancêtres morts, vous ſçavez, Meſſieurs, que le Pere Moralez dans ſon expoſé fit comme vous faites aujourd'huy dans vôtre lettre, & que toutes ſes queſtions, ſur cela propoſées en façon de doutes, ſe reduiſoient à demander, s'il étoit permis aux Chrétiens de faire des ſacrifices à Confucius dans les Temples érigez à ſon honneur, & ſi pareillement il leur étoit permis de faire des ſacrifices aux Ancêtres dans des Temples? La Congregation des Cardinaux répondit que cela n'étoit point permis.

Puis-que le Pere Moralez n'avoit point à cét égard de plus grandes difficultez à propoſer, que celles-là, il n'étoit point neceſſaire de faire cinq ou ſix mille lieües, pour en avoir la reſolution. Il ne falloit, pour la donner, que ſçavoir ſon Catechiſme : & s'il ne s'agiſſoit point aujourd'huy d'autre choſe à Rome, comme vôtre lettre ſemble le ſuppoſer par tout, il ſeroit fort ſurprenant qu'on tint pendant pluſieurs années l'Europe & l'Aſie en ſuſpens, pour ſe donner plus de loiſir de répondre à une quéſtion de cette nature. Ni le Pere Moralez, ni vous, Meſſieurs, n'eutes jamais de parties ſur ce point-là. Les Jeſuites ſigneront avec vous qu'il ne fut jamais permis de ſacrifier à Confucius, ni aux autres morts de la Chine, ni de leur rendre un culte Religieux, ni de les honorer dans des Temples: & vous étes des gens admirables, lors-que ſur la fin de vôtre lettre, aprés avoir rapporté le Memoire du Pere Moralez, & la réponſe des Cardinaux,
Pag. 133. vous concluez en ces termes : *Il paroîtroit par là que l'affaire ſeroit déja decidée en faveur des Vicaires Apoſtoliques, & qu'ils n'auroient plus rien à ſouhaiter.* A qui eſt-ce donc que cela paroîtra, Meſſieurs, ſinon à ceux, qui n'ont pas la moindre connoiſſance de l'état de la quéſtion? Vous dites avec le Pere Moralez & avec la Congregation des Cardinaux qu'il ne faut point ſacrifier à Confucius. Les
Ibid. Jeſuites le diſent auſſi. Vous ajoûtez que ce Decret

a été confirmé par un autre de 1669. Les Jesuites le disent aussi ; que ces deux Decrets autorisent parfaitement le sentiment des Vicaires Apostoliques. Les Jesuites disent aussi qu'ils autorisent le leur, en tant qu'il convient avec le vôtre ; c'est à dire qu'il n'est point permis de sacrifier à Confucius. *Mais par malheur*, ajoûtez-vous, *une declaration si claire & si forte n'est point suivie.* Dites-moy, je vous prie, par qui elle ne l'est point ? Trouvez-vous un seul Jesuite, qui ait jamais dit qu'il soit permis de sacrifier à Confucius, ou aux morts ? Mais, direz-vous, les ceremonies Chinoises sont des sacrifices, la sale de Confucius est un Temple proprement dit. Vous voila au fait : & c'est ce fait, qu'il faut prouver autrement que par des declamations & par des figures de Rhetorique, autrement que par les portraits odieux, que vous faites de ces ceremonies, autrement que par d'autres faits faux, que vous y inserez, autrement qu'en confondant ce que les Jesuites permettent avec ce qu'ils ne permettent pas, autrement qu'en dissimulant les raisons tres-naturelles qu'ils rendent des ceremonies qu'ils tolerent, autrement qu'en abusant de certaines apparences, pour revolter les esprits, en un mot autrement qu'en supposant par tout ce qui est en quéstion. Mais j'auray lieu d'éclaircir dans la suite une partie de ces choses, que vous embroüillez : & j'espere faire disparoître la plûpart de ces phantômes, par lesquels vous tâchez d'effrayer le monde. Revenons au Pere Moralez.

Il obtint ce qu'il prétendoit, qui étoit qu'on declarât qu'il n'étoit pas permis de faire des sacrifices à Confucius, ni aux morts. On ajoûta ces paroles remarquables au Decret: *En attendant que Sa Sain-*

teté, ou le Saint Siege, en ordonnât autrement. Il eſt manifeſte que cette limitation ne regardoit pas le fond de la quéſtion propoſée ; car la Congregation ſçavoit bien que le Pape, ou le Saint Siege, ne pourroient jamais changer d'avis ſur ce qui regarde le droit en cette matiere, c'eſt à dire, qu'il ne ſe pourroit pas faire qu'ils permiſſent jamais d'offrir des ſacrifices à Confucius, ou aux morts : Mais c'eſt que les Cardinaux n'étant pas aſsûrez de la verité de l'expoſé, & des faits, qui y étoient ou énoncez, ou ſuppoſez, il fut de leur prudence de mettre cette clauſe à leur Decret. La juſtification des Miſſionaires de la Chine par les deux Prélats des Philippines, qui les avoient d'abord deferez eux-mêmes au Pape, étoit aſſez recente, pour que les Cardinaux ne l'euſſent pas encore oubliée : & il n'en fallut pas davantage, pour les mettre en garde contre l'expoſé du Pere Moralez.

Mais rien, Meſſieurs, n'eſt plus capable, ce me ſemble, de juſtifier la conduite des Miſſionaires de la Chine, que celle du Pere Moralez même, aprés qu'il y fut retourné. Faites, s'il vous plaît, attention avec moy à la maniere, dont il y publia les réponſes de Rome. Il en fit une traduction Chinoiſe vers l'an 1649. qui ſe trouve à la fin d'un livre, qu'il mit en lumiere en ce tems-là, ou du moins qui paſſa à la Chine, pour étre de luy. Ce livre a pour titre : *Explication de la ſainte Loy de l'obéïſſance des enfans envers leurs peres & leurs meres.* La traduction eſt précedée d'une courte Préface, où il eſt parlé de ſon voyage de Rome, & de ce qu'il y fit, quand il y fut arrivé.

Il eſt à remarquer premierement que dans cette traduction le Pere Moralez ne mit ni la Requête, qu'il qu'il presenta au Saint Siege, ni aucun des doutes, ou demandes, qu'il avoit proposées à Rome, & qui se trouveut jointes aux réponses dans l'Original du Decret.

En second lieu, que de dix-sept réponses, qu'il avoit eües sur autant de doutes proposez, il en supprima neuf, c'est à sçavoir la 4. 5. 6. 10. 12. 13. 14. 15. 16.

En troisiéme lieu, qu'au regard des huit, qu'il jugea à propos de publier, il lès abregea, les modifia, & pour les paroles, & pour le sens. Je ne vous les rapporte pas icy, Messieurs, & je ne m'arrêteray point à les comparer avec le Decret de Rome: vous les pouvez voir dans le livre, intitulé: *Défense des nouveaux Chrétiens & des Missionaires de la Chine, &c.* page 229. de la seconde édition.

Mais enfin ce qui est le plus digne de remarque, c'est que le huitiéme article, où il s'agit des honneurs rendus à Confucius, fut reduit à la Chine par le Pere Moralez à ce peu de mots: *Il n'est point à propos de sacrifier à Confucius*: au lieu que dans la demande proposée par ce Religieux à Rome, & qui est tout au long dans le Decret, il y a un grand détail de faits, par exemple: *qu'on honore à la Chine Confucius comme un saint; qu'il n'y a point de ville, où il n'y ait des Temples bâtis à son honneur; Que les Gouverneurs deux fois l'année sont obligez de luy offrir un sacrifice solennel dans son Temple; qu'ils y font eux-mêmes l'office de Prêtres; que quelques-uns des Lettrez accompagnant le Gouverneur, offrent en sacrifice à Confucius des animaux, des chandeles, du vin, des fleurs, des parfums; que, selon l'intention expresse des Chinois, ce culte se rend, ces sacrifices se font, pour obtenir de luy, & par ses merites, un bon esprit, de la sagesse, & de l'intelligence; qu'ils pensent qu'en mengeant des viandes presentées à cét Idole, ils obtiendront la grace d'avancer beaucoup dans leurs études; que les Chrétiens, qui assistent à ces ceremonies, portent une croix dans leurs mains, ou la cachent parmy les fleurs placées sur l'Autel, & qu'ils y dirigent leurs adorations, &c.*

Ce que le Pere Moralez avoit affecté de faire pour le huitiéme article, qui regarde Confucius, il l'avoit fait aussi pour le neuviéme, qui regarde les honneurs rendus aux morts. Ce neuviéme article est reduit à ces paroles dans ce qu'il en publia à la Chine: *Il n'est point à propos que les Chrétiens, sujets de la famille Royale de Tai-min, offrent des sacrifices à leurs Ancêtres défuns.* Or dans le Decret, & même dans les demandes du P. Moralez, il n'est nullement parlé de cette famille de Tai-min: & dans ce qu'il publia à la Chine il supprima ce qu'il avoit exposé à Rome là-dessus, *qu'il y avoit dans toutes les Provinces de la Chine des Temples bâtis à l'honneur des Ancêtres morts; qu'on y fait des sacrifices deux fois l'année, où il y a des Sacrificateurs & des Ministres d'office; que ces sacrifices sont offerts non seulement en action de graces des bienfaits reçûs d'eux, mais encore pour en obtenir de nouveaux; que prosternez devant leur Autel, ils font diverses prieres, pour leur demander la santé, une longue vie, des biens, une nombreuse posterité, &c. Que les Chrétiens mettoient une croix sur l'Autel élevé en l'honneur des morts, pour y diriger leur adoration, &c.*

Il ne parle point non plus de ce qu'il avoit mis dans sa onziéme demande à Rome, sçavoir, *que les*

Chinois étoient persuadez que les ames des défuns se trouvoient presentes dans ces tableaux, devant lesquels on faisoit les ceremonies, pour recevoir les sacrifices, & les offrandes, qu'on leur faisoit sur des Autels proprement dits, & que leurs descendans attendoient d'eux du secours dans leurs besoins.

Je laisse diverses autres choses semblables, & encore pires que celles, que je viens de dire, que son Memoire, presenté à Rome, supposoit que l'on pratiquoit à la Chine : Et je vous demande, Messieurs, ce que vous pensez de cette conduite du Pere Moralez? Le croire un fourbe, qui par haine, ou par jalousie pour les Missionaires Jesuites, eût voulu imposer au Saint Siege d'une si étrange maniere, vous ne voudriez pas le penser, ni moy non plus. De dire qu'il ait eu le zele de faire douze mille lieües, pour aller à Rome, & pour retourner à la Chine, & qu'aprés avoir obtenu la condamnation des Idolatries Chinoises, exposées dans tout leur détail, ce zele se fût tout à coup éteint, jusqu'à rendre inutile un remede si necessaire à de si effroyables desordres, cela ne paroît pas vray-semblable. Pour moy, ce que je croy pouvoir penser de plus favorable pour luy, & de plus conforme à la verité, c'est qu'étant de retour à la Chine en 1649. aprés un voyage de cinq ou six ans, il trouva ses Confreres mieux instruits, qu'il n'avoit eu le loisir de l'être pendant le peu de tems, qu'il y avoit demeuré d'abord. Il reconnut apparemment qu'on l'avoit mal informé. Il jugea que s'il publioit le Decret avec tous les faits affreux, qu'il contenoit, on le traiteroit de calomniateur, ou d'extravagant, tant les choses, qu'il avoit proposées, étoient éloignées de la verité & du bon sens. C'est pourquoy il prit son parti; & ne publia du Decret, que les choſes, dont on ne pouvoit pas raiſonnablement diſconvenir, que tous les Chrétiens & tous les Miſſionaires approuvoient, c'eſt à ſçavoir, *qu'il n'eſt point à propos de ſacrifier à Confucius*, & autres choſes ſemblables, ſur leſquelles tout le monde étoit de même avis. Je ne croy pas, Meſſieurs, que vous puiſſiez rendre une meilleure raiſon de ſa conduite : Mais permettez-moy d'ajoûter que cela eſt bien fort pour la juſtification des Miſſionaires Jeſuites, & que vous devriez, ce me ſemble, avoir un peu de honte de faire vôtre fort d'un tel Decret obtenu, ſans que les parties fuſſent ni averties, ni appellées, & que le delateur n'oſa publier tel qu'il étoit, de peur de ſe décrier dans l'eſprit des Chinois, tant Chrétiens, qu'infidéles.

Il ſe fit encore alors une choſe, qui dût perſuader les Miſſionaires Jeſuites que le P. Moralez étoit parfaitement d'accord avec eux. C'eſt que dans le livre, dont j'ay parlé, qu'on diſoit être de luy, Pag. 6. & auquel étoit joint le Decret, on faiſoit l'éloge des ſix livres Claſſiques de la Chine & de Confucius en ces termes:

» Les ſix livres Claſſiques ſont des écrits confor-
» mes à la loy naturelle. Confucius a été comme un
» inſtrument, dont le ciel s'eſt ſervy pour l'inſtru-
» ction des hommes, qui vivoient ſans loy depuis
» long-tems. C'eſt pour cela qu'il l'a envoyé com-
» me un Ambaſſadeur, afin qu'il ſe fît entendre à
» ces gens, qui étoient ſourds, & qu'il ouvrît les
» yeux à ceux, qui étoient aveugles, de même que
» s'il eût été un précurſeur du vray Dieu.

Or c'eſt ſur ces ſix livres Claſſiques, qui comprennent la doctrine de Confucius & de leurs Legiſlateurs, & qui, ſelon l'Auteur, *ſont des écrits conformes à la loy naturelle*, que ſont fondées les coûtumes & les ceremonies Chinoiſes. Les Miſſionaires Jeſuites voyant un éloge ſi authentique, donné à ces livres, ne devoient-ils pas le regarder comme une approbation de leurs pratiques ? Mais, Meſſieurs, ne trouverez-vous point dans cét extrait de quoy augmenter la denonciation, que vous avez faite au Pape de ſix propoſitions des Jeſuites touchant la nation Chinoiſe ? *Ce Confucius, qui a été comme un inſtrument, dont le ciel s'eſt ſervy pour l'inſtruction des hommes, qu'il a envoyé comme un Ambaßadeur, afin qu'il ſe fît entendre à ces gens, qui étoient ſourds, & qu'il ouvrît les yeux à ceux, qui étoient aveugles, de même que s'il eût été un précurſeur du vray Dieu.* Cela eſt bien fort. Il n'y manque rien, pour être denoncé, ſinon que l'Auteur n'eſt pas un Jeſuite.

Cependant les Miſſionaires Jeſuites ne voyant rien dans ce Decret, qui les regardât, & dont ils ne convinſſent avec le Pere Moralez, n'en prirent aucune alarme : Mais ayant ſçû quelques années aprés qu'on en abuſoit en Europe & dans les Indes, qu'on y publioit qu'il avoit été porté contre eux, & qu'on s'en ſervoit, pour décrier leur Compagnie & leurs Miſſions, ils firent partir le Pere Martini, pour aller à Rome informer le Pape & les Cardinaux de la verité. Il y arriva en 1655. & trouva tout le mõde étrangement prévenu contre les ceremonies Chinoiſes. Il preſenta les Memoires authentiques, qu'il avoit apportez ſur ces affaires. Ils furent communiquez à ceux, qui tenoient pour le Pere Moralez, & examinez durant pluſieurs mois avec application. Enfin aprés avoir tout entendu de part & d'autre, la Congregation, aſſemblée le 23. de Mars de l'année 1656. en presence d'Alexandre VII. fit un Decret, que ce Pape approuva, & qui a depuis servy de regle aux Missionaires Jesuites de la Chine.

Ce Decret, porté avec toutes les circonstances, que je viens de dire, & malgré la prévention, où le P. Martini trouva les esprits, n'a nullement l'air d'un Acte subreptice. On ne peut douter que les partisans du P. Moralez, ausquels les Memoires du P. Martini furent communiquez, ne fissent toutes les objections, qu'on renouvelle aujourd'huy. Les Memoires du P. Moralez les fournissoient toutes. Les Cardinaux & le Pape les jugerent mal fondées: Et afin que tout le monde sçût qu'ils avoient jugé avec connoissance de cause, les doutes & les questions du P. Moralez furent inserées dans le Decret. Peut-on avoir un plus grand préjugé de la verité de l'exposé du P. Martini sur l'article des ceremonies Chinoises, & pour la fausseté de celuy du P. Moralez sur ce même point-là ? Quiconque, Messieurs. fera attention à tout cela, pourra bien regarder comme des calomnies tout ce que les adversaires des Jesuites disent dans leurs écrits contre la reputation du Pere Martini. C'étoit un saint, & non un imposteur. Il y en a parmy ceux, qui attaquent aujourd'huy les Jesuites, qui rendent des témoignages à sa vertu & à son merite. Mr Aleonissa est de ce nombre. Dieu même a pris sa cause en main; car le corps de ce Missionaire a été trouvé sans corruption vingt ans aprés sa mort. C'est un fait, que les Jesuites n'avanceroient pas dans les conjonctures, où ils se trouvent, s'ils n'en avoient des témoignages bien seurs.

Pour revenir au Decret d'Alexandre VII. il est tres-important de remarquer que le P. Martini fit au

Pape dans ſon expoſé la déſcription de ce qui ſe paſſe dans les ceremonies Chinoiſes, & premierement touchant celle, qui ſe fait pour les Graduez dans la ſale de Confucius. Il fait mention des *proſternations*, qui ſe font devant le nom de Confucius. Il ajoûte ſeulement que cette ſale n'eſt point un Temple proprement dit, & que tous les hommages, qu'on rend au nom de Confucius, ſe rendent par les diſciples à leurs maîtres vivans. Sur cela la Congregation répond que ſon avis eſt qu'il faut permettre ces ceremonies aux Chrétiens Chinois, *parce qu'il paroît que ce culte eſt purement civil & politique.*

Ad tertium quæſitum.

Pareillement le Pere Martini expoſa dans ſon Memoire le détail de ce qui ſe faiſoit à l'égard des parens & Ancêtres morts. Il dit que quand un homme eſt mort, on dreſſe une table en façon d'Autel; qu'on y place un tableau, où eſt le nom du défunt; qu'on l'entoure de fleurs, de parfums, de bougies; que derriere ce tableau eſt placé le corps; que ceux qui entrent dans la maiſon, pour faire leurs complimens à la famille, font des genuflexions, & ſe proſternent trois ou quatre fois devant le tableau; qu'ils apportent des bougies & des parfums, que l'on place ſur cette eſpece d'Autel, ou de table, où ces bougies brûlent, & ces parfums ſont conſumez; que les grands Seigneurs, qui ont des ſales, deſtinées à conſerver les tableaux de leurs parens & Ancêtres, y aſſemblent leurs familles deux fois l'année; qu'ils mettent devant ces tableaux des viandes, du vin, des bougies, des parfums; qu'au moins une fois l'année, vers le commencement de May, les Chinois viennent ſur les montagnes, où, ſuivant les loix de l'Empire, tous les morts ſont enterrez; que là ils pleurent, ſe lamentent, font des genuflexions, arrachent les herbes, & nettoyent la place autour des ſepulcres; qu'ils y apportent des viandes cuites & du vin, dont ils font un repas aprés la ceremonie; que les Chrétiens de la parenté aſſiſtent à tout cela, même avec les infidéles, mais aprés avoir fait la profeſſion de leur foy, & leurs proteſtations contre certaines ſuperſtitions, que les infidéles mêlent à ces ceremonies. Il ajoûte que les Chinois n'attribüent aucune Divinité aux ames des défuns, qu'ils n'en eſperent rien, & ne leur demandent rien.

Ad quartum quæſitum.

Sur cét expoſé la Congregation répond qu'on peut tolerer ces ceremonies à la Chine, que les Chrétiens peuvent y aſſiſter, même avec les Gentils, en retranchant ce que ceux-cy y ajoûteroient de ſuperſtitieux, ſur tout pourveu que les Chrétiens faſſent leur profeſſion de foy, qu'il n'y ait point pour eux de danger de ſe pervertir, & lors qu'ils ne peuvent point faire autrement, ſans exciter des haines & des inimitiez dans les familles. Il eſt enſuite marqué que le Pape a confirmé ce Decret.

Il ne paroît point par le Decret que le P. Martini dans ſes demandes eut fait mention des ceremonies ſolennelles, qui ſe font deux fois l'année en l'honneur de Confucius, ſans doute parce que les Miſſionaires Jeſuites ne les permettoient point; car ils ne les ont jamais permiſes.

Vous voyez, Meſſieurs, par tout ce que je viens de dire que le Pere Martini ne prétend point diſſimuler dans ſon expoſé les circonſtances de ces ceremonies, qui ont quelque choſe de choquant par rapport à nos idées, ces genuflexions, ces *proſternations* devant le tableau du Legiſlateur de la Chine, ces parfums, qu'on brûle, ces bougies, qu'on allume, ce vin, ces viandes, qu'on preſente devant les tableaux

tableaux & les sepulcres des morts, toutes ces marques d'un profond respect, qu'on leur rend ; que, selon le jugement du Saint Siege, tout cela se peut rapporter au culte civil, quelque ressemblance qu'il y ait pour l'exterieur au culte Religieux; que le point essentiel est de sçavoir, si cela, & d'autres choses de cette nature, supposé qu'il s'en fasse d'autres en effet, s'y rapportent veritablement selon l'intention des Chinois, selon leurs loix, & selon l'institution de ces ceremonies ; s'ils regardent Confucius & les morts comme des Dieux, ou comme des esprits divinisez, ou seulement s'ils considerent le premier comme leur Legislateur, comme un grand Philosophe, s'ils honorent leurs parens morts précisément comme des personnes, de qui ils ont reçû la vie, leurs biens, & leur éducation.

Vous voyez en second lieu que, selon cette idée, les Missionaires Jesuites n'ont jamais rien fait, & ne font rien à la Chine en cette matiere, que ce que la Congregation répondit même au P. Moralez en 1645. qu'à l'exclusion des sacrifices, & de l'Autel proprement dit, le reste, qui se peut reduire au culte civil, peut être permis aux Chinois : *Censuerunt, exclusis sacrificiis, & Altari verè & propriè dicto, cætera, quæ redolent tantummodò cultum civilem, aut poßunt ad illum reduci, poße permitti.* Qu'ils ont toûjours observé, & qu'ils observent encore ce qui est contenu dans l'instruction, que la Congregation donna depuis aux Vicaires Apostoliques, quand ils partirent pour la Chine, de ne point entreprendre de changer les ceremonies, les coûtumes, les usages de ces peuples, pourveu qu'elles ne fussent pas trés-manifestement contraires à la Religion & aux bonnes mœurs : *Modò ne sint apertissi-*

Ad quæsitum decimum quintum.

D

Excerpta ex instructione, &c.

mè *Religioni & bonis moribus contraria.* Et la raison, qu'en apporte la Congregation, c'est qu'il seroit absurde de vouloir gouverner les Chrétiens de ce pays-là selon les manieres de France, d'Espagne, d'Italie, ou de quelque autre nation de l'Europe.

Vous voyez en troisiéme lieu combien les Jesuites ont eu de raison de prendre pour regle le Decret d'Alexandre VII. porté avec tant de précaution, d'autant plus qu'il s'accordoit parfaitement à cét égard avec le Decret de 1645. tel qu'il fut publié à la Chine par le P. Moralez, selon lequel il est seulement défendu de sacrifier à Confucius.

Vous voyez enfin qu'en declamant en general & sans distinction contre les ceremonies Chinoises, vous vous élevez manifestement contre le Decret d'Alexandre VII. qui jugea au moins que celles, qui sont contenües dans l'exposé du P. Martini, se peuvent reduire au culte civil.

Mais avant que de quitter ce point, qui concerne le Decret d'Alexandre VII. il est bon de detromper le monde sur ce que vous avancez hardiment & sans preuve, que l'exposé du P. Martini, sur lequel ce Decret fut porté, étoit infidéle & peu exact. Vous le dites par tout, & vous le publiez dans tous vos écrits. Vous vous étes même avisez de faire censurer la proposition, qui dit que cét exposé étoit fidéle. Vos amis ont été de porte en porte, & de Convent en Convent, mendier des souscriptions de quantité de Docteurs à cette censure, qu'on a ensuite intitulée : *Censure de la Faculté de Paris.* On la voit avec ce titre à la fin d'un ouvrage du Pere Alexandre, qui apparemment en cette occasion s'est reconcilié avec les équivoques & les restrictions mentales. La chose a paru rare à bien des gens, qu'un fait de cette nature pût être l'objet d'une cenſure: & les perſonnes mêmes les plus prévenües ont dit, ce qui est vray en effet, qu'une telle cenſure donne plus d'envie de rire des Cenſeurs, qu'elle ne peut faire de tort à ceux, qu'elle condamne. Afin donc de vous inſtruire à fond là-deſſus, auſſi bien que ceux, que vous pourriez avoir mal informez ſur ce ſujet, je vay vous faire un extrait d'un écrit du Pere Salpetri, Dominicain, intitulé: *Explication ſuccinte des principales raiſons, que l'on a de laiſſer pratiquer aux Chrétiens de la Chine les ceremonies, qu'ils font à l'honneur de Cun-fu-zu & de leurs Ancêtres défuns, ſelon que l'a permis la Sacrée Congregation de l'Inquiſition ſous Alexandre VII.* Voicy comme ce Religieux parle ſur ce ſujet à ſes Confreres de la Chine:

Que ſi quelqu'un, dit-il, doutoit des intentions de la Sacrée Congregation, s'imaginant qu'elle n'a pas été ſuffiſamment inſtruite, ou même qu'elle a été fauſſement informée du fait de ce qui ſe paſſe dans la Chine, je vay faire icy un détail, qui doit ſuffire, pour delivrer de ce doute ceux, qui y ſeroient de bonne foy, & avec deſir de s'éclaircir. Voila le cas, Meſſieurs, où vous vous trouvez, & où ſe trouvent ceux, qui vous croyent ſur vôtre parole. Ce Pere continüe de la ſorte:

Lors-que je vins demeurer dans cette maiſon (de Canton,) & encore auparavant, dés le tems que je fus à Pekin, & même lors-que j'étois en chemin, pour y aller avec le Pere Ignace d'Acoſta, autrefois Vice-Provincial des Jeſuites à la Chine, je luy propoſay dans nos entretiens particuliers ce doute, & les raiſons, ſur leſquelles il eſt fondé:

» ce que j'ay encore fait ensuite publiquement dans
» l'Assemblée de tous les Missionaires des trois
» Ordres, qui se trouverent icy. Le Pere Antoine
» de Sainte Marie fut extrémement aise que j'eusse
» ouvert ce discours. Pour les Peres Jesuites, quoy-
» que cela leur fît quelque peine, & que ce fût avec
» beaucoup de sujet, neanmoins leur modestie ordi-
» naire les empêcha d'en témoigner du deplaisir: &
» leur grande charité fit qu'ils excuserent la liberté,
» ou plûtôt la trop grande simplicité, avec laquelle
» je faisois cette proposition.

Permettez-moy, Messieurs, d'interrompre encore icy ce recit par une reflexion : C'est qu'il seroit bien édifiant pour l'Eglise, que vous & nous gardassions en écrivant cette honêteté & cette modestie, qui paroît dans l'écrit de ce Dominicain Italien, & que, selon son témoignage, les Missionaires de la Chine gardoient alors entre eux, quoy qu'ils fussent encore de different avis sur les ceremonies Chinoises. Il poursuit ainsi :

» Quant à ce qui regarde le sujet de mon doute,
» ils répondent qu'il faudroit n'être pas informé de
» la maniere d'agir de la Cour de Rome, pour s'i-
» maginer que sur quelques mots, qui sont rappor-
» tez dans les réponses renduës par la Sacrée Con-
» gregation au Pere Martini, comme ayant été pro-
» posez par luy ; que sur cela, dis-je, sans autre exa-
» men, & comme aveuglement, cette Congrega-
» tion ait decidé contre ce qui avoit été dit dans les
» réponses, données auparavant au Pere Jean-Bâ-
» tiste de Moralez.

» Ces Peres ajoûtent donc que le P. Martini por-
» ta d'icy à Rome des Traitez fort amples, & un
» gros Volume, dans lequel toutes les coûtumes de

la Chine étoient exposées avec une fidélité & une simplicité toute Religieuse, selon la connoissance & l'experience, que l'on avoit pû acquerir depuis tant d'années, que les Peres de la Compagnie étoient dans ce Royaume : & qu'il mit tous ces Traitez entre les mains de trois Qualificateurs, comme on l'apprend d'un papier, qui se garde dans le Secretariat, écrit & signé de la main de ce Jesuite. Et j'ay appris moy-même du P. Intorcetta, qui l'accompagnoit dans Rome, lors qu'il alloit chez les Cardinaux & les Consulteurs, pour traiter de ces controverses, & qui retourne presentement en qualité de Procureur : j'ay, dis-je, appris que ce gros Volume, dont j'ay parlé, fut mis entre les mains d'un venerable vieillard de nôtre Ordre de saint Dominique, qui étoit, ce me semble, le R. Pere Candide, pour lors Maître du Sacré Palais.

Le Pere Martini fit un Abregé tres fidéle de tous ces Traitez & Informations pour nos Seigneurs les Cardinaux : à quoy il se vit obligé, parce que les Qualificateurs, qui les avoient lûës, luy étoient contraires. Ce fut de cét Abregé du P. Martini, lequel étoit encore assez long, que le Secretaire de la Congregation tira ce peu de paroles, dont il s'agit, aprés que la contestation fut terminée. De sorte que ce qui est inseré dans les réponses de la Sacrée Congregation, n'est qu'un extrait de l'Abregé du Pere Martini, fait par le Secretaire de la Congregation même.

Voila, Messieurs, dequoy vous satisfaire : au moins le Pere Dominicain en fut-il satisfait. Et sans cela asûrément les Peres de son Ordre, qui étoient à Rome, & qui défendoient l'exposé du P. Jean-

Bâtiste Moralez, ne l'auroient pas été. Reprenons maintenant la suite de cette espece d'histoire, que j'ay commencée, beaucoup plus propre à instruire solidement le monde de l'affaire, dont il s'agit, qu'une lettre pareille à la vôtre, qui suppose par tout ce qui est en quéstion, sçavoir, que les honneurs, qu'on rend à Confucius & aux Ancêtres morts, sont un culte veritablement Religieux, qu'on luy fait des sacrifices, & d'autres choses semblables, que vous avez avancées : comme si l'on étoit obligé de vous croire sur vôtre seule parole.

Nonobstant ces deux Decrets, qui ne sont point contraires l'un à l'autre, comme il est évident, & comme il est declaré par un autre Decret de 1669. qui les confirme tous deux, les Missionaires des divers Ordres ne pûrent être réunis dans le même sentiment, parce qu'ils avoient des idées differentes sur les ceremonies Chinoises, ainsi qu'il arrive encore aujourd'huy, quoy-que tous convinssent que, supposé qu'elles pûssent se reduire au culte politique & civil, elles devoient être tolerées: & que si la chose étoit autrement, il faudroit les abolir; car on ne sçauroit trop le repeter : C'est là uniquement l'état de la quéstion. Cependant les Missionaires Jesuites ayant eu des conferences avec les Missionaires des autres Ordres, & ayant fait divers écrits sur ce sujet, en convainquirent plusieurs de la verité de leur sentiment. Voicy, Messieurs, quelques extraits de pieces, qui font les preuves de ce fait important.

Extrait de la Lettre du Pere Garcias, Dominicain, au Pere Aleni, Jesuite.

MA pensée est, que d'icy à plusieurs années il n'est pas avantageux pour le service de nôtre Seigneur qu'on prenne d'autre methode de prêcher l'Evangile en ce Royaume, que celle, dont vos Peres se servent, & se sont servis jusqu'à present. C'est ce que j'en ay écrit à mes Superieurs. A Fogan le 16. Novembre 1639.

Ce Pere Garcias fut ensuite Superieur de la Mission de la Chine pour ceux de son Ordre.

Extrait de la Lettre du Pere Timothée de saint Antonin, Dominicain, au Pere Brancati, Jesuite, écrite en 1660.

TOUS nos Peres conçoivent maintenant que la vraye maniere de travailler à la conversion des Chinois est celle, dont a usé vôtre Compagnie, & dont elle use encore à present. Que si dans les commencemens il y a eu diversité d'opinions sur ce sujet entre nos premiers Missionaires, cela ne venoit d'aucune mauvaise intention qu'ils eussent, mais de ce qu'ils avoient été mal informez par certaines gens. Mais à l'heure qu'il est nous reconnoissons par experience, & nous touchons, pour ainsi dire, au doigt la verité de cette affaire. Ainsi nous sommes persuadez qu'il n'y a point d'autre voye à tenir, pour convertir ces peuples. . . . C'est pourquoy encore qu'il y ait deux de nos anciens Peres, qui hésitent là-dessus, non seulement je suis resolu pour moy de suivre desor-

» mais le ſentiment & la pratique de vôtre Compa-
» gnie : mais je ſupplie tres-humblement V. R. de
» m'envoyer par écrit la methode, que vous gardez,
» tant pour conduire les Neophytes, que pour con-
» vertir les Payens, &c.

Ce Pere fut Vicaire Provincial de la Miſſion des Dominicains à la Chine, auſſi bien que le Pere Dominique Coronado, qui écrivit auſſi à peu prés de la même maniere au Pere Brancati. Les premieres paroles de la lettre, que je viens de rapporter, ſont remarquables, veu qu'elles atteſtent le conſentement general des Miſſionaires Dominicains en 1660. *Tous nos Peres conçoivent maintenant que la vraye maniere de travailler à la converſion des Chinois eſt celle, dont a uſé vôtre Compagnie.*

Extrait de la Lettre du P. Coronado, Dominicain, au Pere Brancati de Suchen l'an 1661.

» J'Aurois bien de la joye de me voir avec vô-
» tre R. pour pouvoir cõferer enſemble ſur quel-
» ques-unes des matieres, dõt on a diſputé ; car je fais
» plus de cas de vôtre jugement, que de toutes les rai-
» ſons, qu'on allegue au contraire.

Extrait de la Lettre du Pere Pierre d'Alcala, Dominicain, au Pere Intorcetta, Jeſuite.

» Autant que j'ay reçû de joye de ce côté-
» là (il parle de la gueriſon de ce Pere) au-
» tant ay-je été rempli de douleur par les nouvelles,
» qui me ſont venües du livre du P. Navarette, qui
» avoit renouvellé les conteſtations paſſées ſur les ce-
» remonies Chinoiſes. Dieu m'eſt témoin combien
j'en

j'en suis indigné, & que, si cela étoit en mon pouvoir, je l'effacerois de mon propre sang. Dieu nous fasse la grace d'examiner nos esprits à la faveur des lumieres du sien, afin d'accorder la science, que nous acquerons par le moyen de l'étude, avec une douceur semblable à la sienne, & avec une sainte discipline : autrement nous sommes exposez à de grandes fautes, qui causent ensuite bien de l'amertume. Pour ce qui est de moy, j'ay déja écrit à ceux de nôtre Ordre, & aux autres, les grands travaux de la Compagnie dans ce Royaume, & comme c'est à la faveur de son credit que nous avons la liberté d'y demeurer tout ce que nous sommes d'autres Missionaires, & d'y travailler au salut des ames. Enfin j'ay fait mention des grandes & illustres Eglises de Chrétiens, que la Societé entretient dans cét Empire. On a déja envoyé les lettres, que j'ay écrites là-dessus. C'est ainsi que j'en parleray, & que j'en écriray toûjours, sans croire que la Compagnie me soit obligée pour cela, ni qu'elle en ait besoin : mais parce que je n'estime rien tant que de dire les choses comme je les connois, & que si j'en parlois autrement, ce seroit combatre la verité.... Dieu nous veüille donner sa paix.... A Lan-ki le 31. de Mars 1680.

Extrait des réponses du Pere Jean de Paz, de l'Ordre de saint Dominique, ancien Professeur en Theologie, Recteur de l'Université de Manile, Prieur, & Vicaire Provincial de son Ordre, sur quelques demandes, qu'on luy avoit faites touchant les honneurs, qu'on rend à Confucius.

» ON trouve dans ces relations de nos Reli-
» gieux de la Chine qu'un Neophyte ayant
» un jour protesté en presence de plusieurs infidéles
» qu'il ne prétendoit rendre à Confucius que ce
» qu'un disciple rend à son maître, & non pas l'ho-
» norer, comme si c'étoit un Dieu, ou qu'il pût
» quelque chose : A ce discours les Chinois éclatant
» de rire : *Pensez-vous donc*, luy dirent-ils, *qu'au-*
» *cun de nous attribüe rien de tout cela à Confucius?*
» *Nous sçavons assez que c'étoit un homme comme*
» *nous autres: & si nous luy rendons nos respects, c'est*
» *simplement comme des disciples à leur maître, en*
» *vûë de la doctrine excellente, qu'il nous a laissée.*

C'est ainsi que parloient alors les relations des Dominicains de la Chine : & nous ne pouvons pas apprendre par une voye moins suspecte quelle est l'idée des Chinois dans les honneurs, qu'ils rendent à Confucius.

Extrait d'une lettre du Pere Sarpetri, ou de Saint Pierre, de l'Ordre de saint Dominique, Missionaire à la Chine.

» JE certifie à tous ceux, qui verront ces lettres:
» premierement qu'ayant été envoyé par les Su-
» perieurs de la Province du Rosaire des Philippi-

nes de mon Ordre, pour prêcher l'Evangile dans le Royaume de la Chine, & m'étant appliqué par ordre des mêmes Superieurs avec tout le ſoin que j'ay pû durant l'eſpace de huit ans à examiner les ſuperſtitions des ſectes des Chinois, je me ſuis perſuadé que ce que les Peres Miſſionaires de la Compagnie de JESUS en ce Royaume font profeſſion de pratiquer, en permettant, ou tolerant certaines ceremonies, dont les Chinois Chrétiens uſent en l'honneur du Philoſophe Confucius, & de leurs Ancêtres défuns : que leur conduite, dis-je, non ſeulement eſt ſans danger de peché, puis qu'elle a été approuvée par la Sacrée Congregation de l'Inquiſition Generale : mais qu'à conſiderer les principes des principales ſectes de la Chine, cette opinion eſt plus probable que la contraire, & d'ailleurs tres-utile, pour ne pas dire neceſſaire, afin d'ouvrir aux infidéles la porte de l'Evangile.....

Je certifie en troiſiéme lieu, &, autant qu'il en eſt beſoin, je proteſte avec ſerment, que ce n'eſt ni à la priere, ni à la perſuaſion de qui que ce ſoit, mais par le ſeul amour de la verité, que je me ſuis porté à rendre ce double témoignage, qu'on vient de voir, auſſi bien qu'un autre, que je rendis l'année paſſée du 9. jour de May touchant le livre du Venerable Pere Matthieu Ricci, Jeſuite, qui a pour titre : Tien-chu-xe-y. Et plus bas : Comme donc j'ay ſçû qu'à l'occaſion de certains doutes, qui furent propoſez en 1645. à la Sacrée Congregation de l'Inquiſition Generale par le Pere Jean-Bâtiſte Moralez, homme vrayment Apoſtolique, & qui agiſſoit par un zele de la foy, quelques-uns mal affectionnez à la Compagnie ont publié dans l'Europe & dans les Indes que les Miſſionaires de

» la Chine ne prêchent point JESUS-CHRIST » crucifié, & qu'ils permettent l'idolatrie à leurs » Chrétiens : C'est pour ce sujet que craignant de » paroître approuver par mon silence les calomnies » de ces gens-là, & souhaitant de reparer autant » qu'il est en mon pouvoir la reputation de ces Peres, » j'ay voulu declarer mon sentiment de la maniere, » qu'on vient de voir... En témoignage de quoy » jay fait cette lettre, & l'ay signée de ma propre » main dans la maison de Canton, où nous sommes » detenus prisonniers, & en exil, ce 4. jour d'Aoust » 1668.

Ce même Pere Dominicain a fait divers autres écrits pour la défense des Missionaires Jesuites de la Chine, qui ont déja été imprimez. On a encore une lettre de luy, par laquelle il témoigne que deux Provinciaux de l'Ordre de saint Dominique dans les Philippines, sçavoir les Peres François de Paule & Philippe Pardo, ont plusieurs fois recommandé à leurs Missionaires de la Chine par l'autorité, qu'ils avoient sur eux, de se conformer absolument à la pratique de la Societé en ce qui regarde le Decret d'Alexandre VII. leur défendant de rien écrire, qui y fût contraire. Cette lettre du Pere Sarpetri est adressée à son Provincial, & aux Definiteurs du Chapitre de sa Province, ausquels il envoye le Traité, qu'il avoit composé sur ces matieres.

Je ne mets point icy une lettre du P. Navarette Dominicain, Superieur des Missionaires de son Ordre à Canton, parce que j'auray lieu d'en parler plus bas.

Je ne rapporte point non plus le témoignage de Don Gregoire Lopez, aussi Religieux de saint Dominique, depuis Evêque & Vicaire Apostolique dans la partie Septentrionale de la Chine, Chinois de nation, & le premier de ce pays, qui ait été élevé à la dignité du Sacerdoce. Il faudroit transcrire tout entier l'ouvrage, qu'il a fait exprés, pour justifier l'usage des ceremonies Chinoises, & la pratique des Missionaires Jesuites. Il paroît depuis quelque tems imprimé, & apparemment vous l'avez vû : Mais il est trop de l'interêt des Jesuites de ne pas oublier icy le témoignage de Mr de Cicé, qui est encore actuellement à Paris dans vôtre Seminaire, dont il est membre. Sa nouvelle dignité d'Evêque, sa vertu, sa naissance donnent un trop grand poids à son attestation, pour n'en pas faire part au public en faveur des Jesuites. Voicy l'extrait d'une lettre, qu'il a écrite à un de ses amis depuis son retour de la Chine à Paris.

Extrait d'une lettre écrite par Monsieur de Cicé, Evêque de Sabula, l'an 1698. le 24. d'Octobre.

JE vous prie de remarquer que je ne parle que de « la premier partie du livre du R.P. le Gobien, « qui est l'histoire de l'Edit, & point de la seconde, « qui est l'éclaircissement sur les honneurs rendus à « Confucius & aux morts. Nos Missionaires ont te- « nu en cela une conduite bien differente de la mien- « ne. Ils ont embrassé le parti des Dominicains, & « moy celuy des Jesuites. Ils ont leurs raisons, & « moy les miennes. Le Saint Siege, à qui le juge- « ment de cette dispute, en laquelle je veux croire « que les deux parties ne cherchent que l'honneur « de Dieu & le salut des ames, a été remis, pronon- « cera sur cela, & ses Arrêts en seront la decision. « Je me recommande à vos saints Sacrifices, &c. «

J'avoüe qu'il est difficile d'accorder cette lettre avec la conduite, que tient aujourd'huy Monsieur de Cicé dans l'affaire de la Chine, & avec cette exacte probité, dont il a toûjours fait profession. Je n'oserois entreprendre une chose si difficile; car on ne comprend pas comment Mr de Cicé ayant été témoin oculaire de ce qui se passe à la Chine pour les ceremonies, dont on dispute, comment ayant été du sentiment des Jesuites sur le lieu même, comment ayant perseveré dans ce sentiment aprés son retour à Paris, il luy ait pû venir depuis de nouvelles lumieres là-dessus.

Que direz-vous donc, Messieurs, à tout ce que je viens d'avoir l'honneur de vous faire voir? Car ce ne sont point là des declamations, ni des figures, pareilles à celles, qu'on voit dans vôtre lettre. Ce ne sont point là de ces tours d'éloquence, avec lesquels on rend tous les jours plausibles les plus méchantes causes. Ce n'est point là un certain arrangement de faits, disposez avec artifice dans un discours, pour surprendre un lecteur, qui n'est pas en garde contre les pieges, qu'on luy tend, & qu'on sçait bien qui ne se donnera pas la peine de démêler par la lecture des écrits opposez le faux d'avec le vray, le certain d'avec le douteux, ce qui est contesté d'avec ce qui ne l'est pas, ce qui est avoüé d'avec ce qui est contredit. Ce ne sont point là de ces reflexions malignes, par lesquelles on le prévient contre l'adversaire, qu'on attaque, ni de ces traits vifs, jettez exprés, pour distraire son esprit dans les endroits foibles, en divertissant son imagination. Ce sont des faits simplement exposez, que vous contesteriez en vain, & dont la seule exposition forme une preuve manifestement justificative & sans replique de la conduite, de l'innocence, & de la droiture des Missionaires Jesuites. Ce n'est point icy, eux qui se défendent, ce sont ceux-là mêmes, qui devoient naturellement se declarer le plus hautement contre eux, si la verité, si la raison, si l'experience, si la conscience ne les avoit pas obligez à prendre leur cause en main. C'est à vous de voir, Messieurs, comment tout cela s'accorde avec le détail pathetique, que vous faites des efforts des autres Missionaires, pour ramener les Jesuites de leur égarement, & dont l'énumeration se reduit aprés tout à l'Archevêque de Manile, à l'Evêque de Zebut, qui justifierent pleinement les Jesuites, en se retractant, au P. Jean-Bâtiste Moralez, qui supprima la plus grande partie du Decret, qu'il avoit obtenu du Pape, au Pere Navarette, & à un petit nombre d'autres. Vous faites valoir tout cela, qui dans le fond se reduit presque à rien, tandis que vous dissimulez ce que je viens de faire voir clairement, sçavoir, que tant d'autres Missionaires non seulement suivoient dans ces contestations le sentiment des Jesuites, mais qu'ils composoient eux-mêmes des écrits, pour les défendre, & les mettre à couvert des horribles calomnies, qu'on debitoit contre eux en Europe & dans les Indes. Mais le témoignage du Pere Navarette, dont vous vous prévalez, m'oblige à ne pas ômettre encore un point important de l'histoire des missions de la Chine sur l'article des ceremonies Chinoises. Voicy ce que vous en dites dans vôtre lettre. Pag. 27.

Tous les Prédicateurs de l'Evangile, dites-vous, « assemblez avez eux (les Jesuites) à Canton, les « conjurent instamment de s'expliquer nettement là-« dessus, & de rendre la paix à l'Eglise. L'unique «

» réponse, qu'ils en ont obtenüe, c'est qu'à l'égard
» des ceremonies, dont les Chinois se servent, pour
» honorer Confucius & les Ancêtres, le Decret
» que le Pere Martini avoit rapporté de Rome,
» leur paroissoit fondé sur une opinion probable:
» ce qui étoit proprement ne dire ni oüy, ni non,
» & tomber dans une ambiguité de paroles, qui en
» toute occasion auroit été fort indigne, mais qui
» l'étoit encore beaucoup plus dans celle-cy, où il
» s'agissoit de répondre précisément, & de faire cesser les troubles & les scandales.

A vous entendre, c'étoient les Jesuites, qui troubloient l'Eglise de la Chine: c'étoit à eux à luy rendre la paix: Ils éludent par une réponse generale & ambigüe, & refusent par là de faire cesser les troubles & les scandales. Vous ajoûtez, pour donner du poids à ce que vous dites, que *l'Archevêque de Manile, l'Evêque de Zebut, & l'Evêque d'Angelopolis, avertis de ces contestations, se crûrent obligez d'en écrire au Pape.* Par malheur pour vous l'Archevêque de Manile & l'Evêque de Zebut avoient écrit au Pape sur les ceremonies Chinoises contre les Jesuites, & s'étoient retractez plus de trente ans avant l'Assemblée de Canton. Pareillement la lettre de M^r^ d'Angelopolis, qui n'étoit pas Evêque de la Chine, ni du voisinage de la Chine, mais du Mexique, qui en est éloigné de trois, ou quatre mille lieües, est écrite prés de vingt ans avant que les Missionaires pensassent à s'assembler à Canton. Ces parachronismes vous sont échapez sans doute dans la chaleur de la composition: mais ils doivent être icy comptez pour rien. Venons au fait, & trouvez bon que je vous fasse une courte relation de l'Assemblée de Canton, non point sur les memoires des Jesuites seulement,

ſeulement, mais ſur ceux de deux Dominicains: l'un eſt le Pere Navarette , & l'autre le Pere Sarpetri, dont j'ay déja parlé. Il étoit à cette Aſſemblée, & il eut l'honneur de partager avec dix-neuf Jeſuites les incommoditez de l'exil pour la foy, & d'être du nombre de ces ſaints Confeſſeurs de JESUS-CHRIST.

En 1665. il s'éleva une furieuſe perſecution contre les Chrétiens, pendant laquelle le Pere Adam Schal, Jeſuite, mourut des incommoditez, qu'il avoit ſouffertes en priſon. Lors qu'on étoit ſur le point de le faire mourir, dit le Pere Sarpetri dans une lettre, qu'il écrit à la Sacrée Congregation de la Propagation de la Foy, & de releguer en Tartarie tous les autres Miſſionaires, il arriva un ſi effroyable tremblement de terre, ſuivy d'autres prodiges extraordinaires, qu'on ne douta point qu'il n'y eut en cela quelque choſe au deſſus de la nature. La fureur des perſecuteurs s'étant un peu rallentie, la Cour de Pekin ſe contenta de releguer les Miſſionaires à Canton. On leur donna pour priſon cette ville-là, & la maiſon, que les Jeſuites y avoient.

La perſecution les ayant là tous raſſemblez, on penſa à réunir auſſi les cœurs, ou plûtôt les eſprits dans le même ſentiment touchant les ceremonies Chinoiſes. Il y avoit là dix-neuf Jeſuites, un Pere de l'Ordre de ſaint François, nommé le Pere Antoine de Sainte Marie, & trois Dominicains, ſçavoir le Pere Sarpetri, le Pere Leonardi, & le Pere Navarette, leur Superieur. Le Pere Sarpetri, *faute*, dit-il, *d'avoir pû être éclairci ſur ſes doutes*, avoit balancé juſqu'alors: les trois autres étoient tout à fait dans le ſentiment oppoſé à celuy des Jeſuites. Il fut reſolu que ſe trouvant tous enſemble, il ſe tien-

F

droit des Conferences sur les divers articles du different.

Aprés plusieurs conferences de vingt-trois qu'ils étoient, il y en eut vingt-un, qui conclurent que le parti le plus sage, qu'on pouvoit prendre, étoit de s'en tenir aux réponses, que la Sacrée Congregation avoit données en 1656. au Pere Martini Jesuite, par lesquelles on permettoit aux Neophytes l'usage des ceremonies Chinoises envers les défuns, & celles des Graduez envers Confucius, en retranchant ce qui pouvoit y avoir de superstitieux, ainsi qu'il est marqué dans le Decret. Ce furent le Pere Sarpetri & le P. Navarette, qui convaincus des raisons, qu'on leur apporta, se joignirent aux dix-neuf Jesuites. Le Pere de saint François mourut dans le tems de ces conferences.

Le Pere Navarette se ravisa, & refusa de s'en tenir à cette decision. Il commença même à écrire contre. Cela fit beaucoup de peine aux autres Missionaires, d'autant plus, que le Pere Vincent Prot, Vicaire Provincial des Dominicains de la Chine, qui s'y tenoit caché, luy avoit envoyé sa procuration, par laquelle il promettoit de ratifier tout ce qui seroit arrêté par ce Pere pour le bien de la paix, & pour établir la conformité entre les Ministres de l'Evangile. Le Pere le Faure, Jesuite Parisien, répondit à son écrit: Mais cette réponse ne fut pas suffisante, pour lever tous les doutes du Pere Navarette. Il repliqua, & demeura dans son ancienne opinion, jusqu'à ce que le Pere Brancati, ancien Missionaire Jesuite, & des plus habiles en ce qui regardoit les livres & les coûtumes de la Chine, eût fait un autre écrit, qui le convainquit entierement de la verité: *Et aprés avoir lû les Traitez du Li-ki,* ajoûte le Pere Sarpetri, *à la faveur de l'ouverture, que le Pere Brancati luy avoit donnée, il s'en alla de son propre mouvement faire l'accord avec le P. Vice-Provincial des Jesuites.* Il en donna par écrit à ce Pere l'Acte suivant:

Acte donné par le P. Navarette au Vice-Provincial des Jesuites.

Mon Reverend Pere, comme vôtre Paternité « sera peut-être bien aise de communiquer cette af- « faire au R. P. Visiteur; je mets icy par écrit ce « que je vous en ay dit aujourd'huy de vive voix: « sçavoir, que pour ce qui regarde les morts, les « écriteaux, & les ceremonies funebres, nous suivons « au pied de la lettre, sans nous en éloigner d'un « seul point, tout ce qui fut arrêté dans l'Assemblée « de vos Peres, qui se tint à Ham-tcheou au mois « d'Avril de l'année 1642. A l'égard de Confucius, « nous permettons ce que vos Peres permettent de « pratiquer, en retranchant les deux ceremonies so- « lennelles, que la Compagnie ne permet pas non « plus: Et afin que tout se passe dans un esprit de « charité, & que l'on voye que nous sommes dans « les mêmes sentimens, il semble qu'il est à propos « de specifier tout cecy dans l'accord, que nous fai- « sons, &c. «

Cette declaration causa beaucoup de joye aux autres Missionaires, & en particulier au P. Sarpetri, Dominicain, qui donna ensuite la sienne en ces termes au même Vice-Provincial des Jesuites:

Mon Reverend Pere, j'ay une extréme joye, & « je suis tres-édifié des bonnes intentions & de la « sainte resolution de mon Superieur le R. P. Nava- « rette sur ce qui regarde la matiere, dont nous « avons disputé.... Je declare donc, & je promets « en la presence de Dieu, & de JESUS-CHRIST, « à vôtre Paternité, & aux autres Peres, que j'exe- «

» cuteray ponctuellement ce que mondit Pere Superieur promet dans cet écrit, parce que c'est sa volonté, & celle du Pere Vice-Provincial (des Dominicains,) qui s'en est rapporté à luy pour son suffrage : & parce que je suis persuadé que cette resolution est tres-avantageuse pour la propagation de nôtre sainte foy, & pour l'union entre les Missionaires des deux Ordres, & tres-utile, pour remedier au scandale, que l'usage contraire a fait naître, & que cette pratique s'accorde parfaitement avec le jugement de ma conscience, les Decrets de nos Chapitres Generaux, la lettre de nôtre R. P. General aux Missionaires de la Chine, qui est imprimée, & qu'elle est conforme à ce que nous a conseillé & ordonné le R. P. François de Paule, Commissaire du Saint Office, alors Provincial de nôtre Province, & à ce qui a été resolu à la pluralité des voix dans l'Assemblée, que nous tinmes à Lan-ki tout ce que nous étions de Missionaires de l'Ordre de saint Dominique : enfin parce que c'est une chose, que j'ay ardemment desirée, & que j'ay demandée avec beaucoup d'instance par mes lettres à nôtre R. P. General, & à nos Seigneurs les Eminentissimes Cardinaux de la Propagation de la Foy. Fait dans cette maison de Couan-cheou-fou le 4. d'Octobre de l'année 1669.

J'en appelle, Messieurs, à vôtre conscience, & j'en prens tout le public à témoin. Tout cecy, que j'ay tiré des lettres & des declarations de ces deux Peres Dominicains, qui étoient des Assemblées de Canton, s'accorde-t-il avec l'idée, que vous donnez dans vôtre lettre de la conduite des Jesuites en cette occasion, & avec la maniere odieuse, dont vous la rapportez? Je repete vos termes:

Tous les Prédicateurs de l'Evangile, dites-vous, « assemblez avec eux à Canton, les conjurent in- « stamment de s'expliquer nettement là-dessus, & » de rendre la paix à l'Eglise. L'unique réponse » qu'ils en obtiennent, c'est qu'à l'égard des cere- « monies, dont les Chinois se servent, pour hono- « rer Confucius & les Ancêtres, le Decret, que le « P. Martini avoit rapporté de Rome, leur parois- « soit fondé sur une opinion fort probable: Ce qui « étoit proprement ne dire ni oüy, ni non, & tom- « ber dans une ambiguité de paroles, qui en toute « occasion auroit été fort indigne, mais qui l'étoit « encore beaucoup plus dans celle-cy, où il s'agissoit « de répondre précisément, & de faire cesser les « troubles & les scandales. «

Pag. 29.

Je vous demande icy, Messieurs, ce que les Jesuites Missionaires pouvoient faire de plus que ce qu'ils firent alors, pour contribuer à la paix de l'Eglise? Ils examinent de concert avec les autres des quéstions si importantes. On écrit contre leur avis. Ils répondent, & convainquent ceux qui n'en étoient pas. S'ils n'avoiét répondu que comme vous le dites, leur réponse auroit-elle eu tant d'effet sur un esprit aussi prévenu, qu'étoit le Pere Navarette? Où est cette *indigne ambiguité de paroles*? Vous voyez qu'on y distingua tout, les ceremonies superstitieuses d'avec celles, qui ne l'étoient point, les ceremonies des Graduez envers Confucius d'avec celles des deux Equinoxes, tout ce qui se permettoit d'avec ce qui ne se permettoit pas. Est-ce-là ne pas *répondre précisément, & refuser de faire ceßer les troubles & les scandales?* Je prie Dieu, Messieurs, qu'il vous pardonne la maniere cruelle, dont vous traitez les

Jesuites : Mais je doute si le monde vous la pardonnera jamais. C'est ainsi que se terminerent les Assemblées de Canton.

Aprés que le Pere Navarette y eut quitté son premier sentiment, il changea encore depuis, & se déchaîna contre les Jesuites d'une maniere furieuse. Ces variations doivent naturellement luy ôter toute autorité pour le fond de l'affaire : Mais les circonstances, où il parla si diversement, sont remarquables, & fort à l'avantage des Jesuites. Il condamna les ceremonies Chinoises, avant que d'avoir conferé avec eux. Il les approuva, aprés s'étre éclairci & pleinement instruit de la matiere. Il étoit alors Confesseur de JESUS-CHRIST, exilé & en prison pour la foy. Il eut le malheur de ne pas assez estimer une si precieuse captivité. Il s'enfuit de Canton, & regagna Macao, exposant les autres Confesseurs au danger de la mort, que sa fuite étoit capable de leur attirer ; car on venoit de tems en tems de la part des Mandarins compter les prisonniers, pour voir s'ils y étoient tous, & si nul ne s'étoit échapé. Le Pere Grimaldi, Jesuite, qui vit encore aujourd'huy à la Chine, qui n'étoit pas du nombre des exilez, prit sa place, pour rendre le nombre complet, & sauver les Missionaires du danger, qu'ils courroient. Ce fut aprés cette fuite que le P. Navarette écrivit les livres, dont les ennemis des Jesuites ont tiré la plûpart de leurs calomnies, malgré les contradictions effroyables, qu'on y voit à chaque page, & qu'on a fait voir dans divers écrits. Nonobstant tout cela, étant devenu Archevêque de Saint Domingue, jamais Prélat n'affectionna plus les Jesuites que luy, ne leur donna plus de marques de son estime. On a les lettres, qu'il écrivit au Roy d'Espagne, & au Gouverneur de Saint Domingue, pour les engager à obliger les Jesuites de demeurer dans sa ville Archiepiscopale, d'où ils vouloient se retirer, quand ils le virent nommé à cét Archevêché. Elles sont pleines d'éloges de la Compagnie des Jesuites. Leur zele, leur application à travailler au salut des ames, l'utilité, que les Prélats & les peuples retirent de leurs services, y sont loüez à chaque page. Enfin il leur fit fonder un College, & en particulier une Chaire de Theologie. C'est ainsi qu'aprés que la passiõ s'est dissipée, on revient enfin, & qu'on reprẽd les idées, que la justice & la charité inspirent. Rien ne sera jamais plus agreable aux Jesuites, Messieurs, qu'un pareil retour de vôtre part, s'il arrive jamais.

Aprés ces solides justifications des premiers Missionaires Jesuites de la Chine, & de leurs successeurs, il n'est pas besoin de faire celle des Jesuites d'Europe, qui ont entrepris de les défendre dans ces dernieres années, depuis que Mr Charmot, du Seminaire des Missions étrangeres, les a de nouveau deferez à Rome. On ne peut en cela les accuser ni de temerité, ni d'imprudence : & il n'y a nul sujet de leur dire ce que vous leur reprochez si durement dans vôtre lettre à cette occasion, *qu'il suffit qu'ils ayent entrepris de soûtenir un sentiment, que tout est mis en œuvre, pour le défendre, & qu'il faut que ce sentiment prévale, à quelque prix que ce puisse être.* Pag. [illegible] Quand donc auront-ils droit de se défendre, ou de défendre leurs Freres, si cela ne leur est pas permis en une telle rencontre, où la charité, la justice, l'interêt de la Religion, & celuy de leur propre reputation les obligent à le faire ?

Mais aprés tout, Messieurs, voyons un peu sur

quoy fondez, vous prenez un ton si haut à leur égard en cette matiere. Est-ce sur l'évidence du droit, que vous soûtenez? Mais si ce droit est si évident, pourquoy tant de Missionaires des autres Ordres arrivant à la Chine avec les mêmes préventions, qui vous portent aujourd'huy à de si grands excez, se rendoient-ils, d'abord que les Jesuites s'étoient expliquez avec eux sur les ceremonies Chinoises? Ecoutez encore les paroles du P. Navarette, avant qu'il se fût enfuy de sa prison de Canton. *Le Pere Brancati*, dit-il à un de ses Confreres, qui le rapporte, *m'a ouvert le chemin. Je suis fâché de n'avoir pas sçû cela plûtôt.* Les Jesuites avoient-ils donc quelque charme, pour ensorceler ceux qui les approchoient, & pour leur renverser l'esprit ? Celuy, par lequel ils auroient perverti Mr de Cicé, auroit été bien fort; car on ne l'à pû lever que long-tems aprés son retour en France, & par des conjurations souvent réiterées.

Salpetri explication succinte, &c.

Seroit-ce donc, Messieurs, par l'autorité des témoins, qui deposent aujourd'huy pour vous contre les Jesuites, que vous prétendriez leur imposer silence ? Vous ne parlez dans vôtre lettre que d'Evêques, que de Vicaires Apostoliques, ausquels les Jesuites refusent de se soûmettre. Pour d'Evêques, je n'en sçache aucun, dont M. Charmot ait apporté les plaintes à Rome contre les Jesuites; car Mr Maigrot ne l'étoit pas encore, quand il a fait son Mandement. *Ces Vicaires Apostoliques, qui font un Mandement, &c.* sont tous renfermez dans le seul Mr Maigrot. Ainsi tous ces pluriels, dont on se sert, pour éblouïr le peuple, se reduisent partie à rien, partie à un seul homme. Ces incongruitez, Messieurs, sont moins pardonnables dans la Morale,

Pag. 15.

le, que dans la Grammaire. Quittons donc les figures & les exaggerations. Comparons ce qui se trouve dans cette cause d'autorité de part & d'autre, & voyons en faveur de qui doit decider le public, que vous avez fait juge de cette affaire par la publication de vôtre lettre au Pape.

Souffrez, Messieurs, que les Jesuites se mettent icy en paralelle avec vous. Vous leur parlez de haut en bas dans vôtre lettre, & vous les traitez comme des miserables. Plusieurs personnes des plus distinguées du Royaume & de la Cour ont dit que cela ne vous convenoit pas. Peut-être se trompent-ils, en ne faisant pas assez d'attention aux conjonctures presentes. N'ayons maintenant nul égard à tout cela, mais seulement à ce qui peut avoir quelque poids dans l'affaire, dont il s'agit.

Et d'abord si l'on regarde le nombre, celuy des Jesuites, qui jusqu'à present ont travaillé à la Chine, passe de plus des deux tiers celuy de tous les autres Missionaires. Le public pourroit avoir quelque égard à cette circonstance. Vous tâchez de le prévenir, en décriant tout le Corps : ce fut là toûjours la methode de la plûpart de ceux, qui ont écrit contre les Jesuites : mais du moins il fera reflexion que vous étes parties. Les Jesuites se contenterõt de cela. Ils ne veulent pas recriminer, comme peut-être ils le pourroient. Certains amis communs de leur Compagnie & de la vôtre vous seront témoins de leur reserve là-dessus.

Pour ce qui est de l'experience & de la capacité, pour juger sainement de la nature des coûtumes & des ceremonies Chinoises, je croy qu'on ne peut gueres disputer cét avantage aux Jesuites. Ils étoient répandus dans toutes les Provinces de l'Empire de

G

la Chine cinquante ans avant qu'aucun Missionaire y eût travaillé. Plusieurs de ces Peres y ont passé les trente, & les quarante années. Ils y ont eu un commerce fréquent avec les Docteurs de l'Empire. Ils ont appris parfaitement la langue, &, selon le témoignage même du P. Navarette, ils ont composé des livres en Chinois, qui ont fait l'admiration des plus sçavans du pays. Cela prouve qu'ils ont pû étre moins trompez que les autres. Il reste à sçavoir s'ils ont voulu eux-mêmes tromper. Les Jesuites d'Europe, qui ont connu leur probité, & même la sainteté de la plûpart d'entre eux, ne sçauroient se le persuader. Il sera même difficile de le faire croire au monde, qui aura peine à s'imaginer que des gens ayent quitté leur pays, passé tant de mers, essuyé tant de dangers & de fatigues, pour aller se damner avec une infinité de Neophytes : sur tout quand on fera reflexion qu'au voisinage de la Chine, c'est à dire au Japon & dans les Indes, un tres-grand nombre de leurs Freres, élevez dans la même école & dans les mêmes maximes, ont prodigué leur sang pour JESUS-CHRIST dans les tourmens les plus cruels. Les Peres Antoine Rubino & Diego Moralés, qui firent des Apologies pour leurs Freres de la Chine, furent de ce nombre, & ne quitterent la plume, que pour aller bientôt aprés se faire martyriser au Japon. Seroit-ce une trop grande hardiesse aux Jesuites, Messieurs, que de demander au public que l'autorité de cinquante, ou soixante de leurs Missionaires fût mise au moins en balance avec celle de cinq, ou six des vôtres, dont la capacité & la probité ne sont pas asſûrément plus prouvées, que la capacité & la probité des Missionaires Jesuites?

Tom. 2 pag. 6-

Mais rappellez, s'il vous plaît, les témoignages,

de tant de Missionaires, non Jesuites, que je vous ay citez un peu auparavant : & vous verrez que c'est se contenter de bien peu, que de demander que l'autorité de vos Missionaires ne prévale pas à celle des Missionaires Jesuites.

Il ne faut pas avoir seulement égard au nombre de ces témoins, mais en core aux circonstances, qui donnent toute la force possible à leur témoignage. Ces Missionaires des autres Ordres étoient des gens prévenus contre la pratique des Jesuites : Ils en étoient scandalisez, ils la desapprouvoient, ils la combattoient. On les voit dans cette disposition d'esprit, malgré l'attachement, qu'on a naturellement à soûtenir un sentiment, qu'on a d'abord embrassé, se rendre aux raisons des Jesuites, approuver leur methode, declarer par des Actes authentiques qu'elle est la meilleure, & entreprendre eux-mêmes par des écrits de les défendre contre leurs calomniateurs. C'étoient des Dominicains, qui agissoient de la sorte, & qui par consequent ne le faisoient que par le seul amour de la verité. C'étoient pour la plûpart des Superieurs de cét Ordre. C'étoit non seulement dans des Assemblées regulieres, où les Jesuites se trouvoient avec eux, & où ils les convainquoient par des raisons, qui les obligoient à se rendre : mais encore dans des Assemblées, où les Jesuites ne se trouvoient point. Telle fut l'Assemblée de Lan-ki, où étoient tout ce qu'il y avoit à la Chine de Missionaires Dominicains, & où il fut resolu à la pluralité des voix, dit un Pere Dominicain *, de s'en tenir à la pratique des Jesuites. Ces témoignages ne sont point tirez des relations des Jesuites, mais de celles des Peres Dominicains.

* Le Pere Sarpetri.

Qui est-ce qui en faisant attention à tout cela, ne

ſera pas ſurpris de deux choſes ? La premiere, que les ſeuls Jeſuites ſoient par vous deferez à Rome, que tous vos livres n'attaquent qu'eux, que vous faſſiez retomber ſur eux ſeuls tout ce que vous entreprenez de faire paroître odieux dans cette cauſe. La ſeconde, que vous vous emportiez à des invectives ſi outrageantes contre les Jeſuites d'Europe, & que vous leur faſſiez un crime d'expoſer humblement au Saint Siege ce qui peut ſervir à la défenſe de leurs Miſſionaires. Que doit-on enfin penſer, quand on voit joint à tout cela le témoignage tres-exprés de Mr de Cicé, qui declare en propres termes que, quoyque ſes Confreres euſſent embraſſé le parti des Dominicains, il a embraſſé celuy des Jeſuites, que ſes Confreres ont eu leurs raiſons, & luy les ſiennes? Croirez-vous même que le public ſe contente de ſuſpendre ſon jugement, & qu'en faiſant toutes ces reflexions, il puiſſe s'empêcher de penſer que, vû de ſi forts préjugez, la cauſe des Jeſuites eſt meilleure que la vôtre?

Il eſt vray que les Peres Dominicains ſe declarent aujourd'huy pour vous. Je ſuppoſe que leurs intentions ſont droites, que les differens, qu'ils ont eus de tout tems avec les Jeſuites en Europe, & que d'autres motifs ne les rendent point partiaux dans ceux de la Chine. Mais leur ſuffrage peut-il entrer en comparaiſon avec celuy de tant de leurs anciens Miſſionaires de la Chine, eu égard aux circonſtances, que j'ay marquées, dans leſquelles ceux-cy embraſſerent le parti des Jeſuites? C'eſt ce que je laiſſe à examiner aux perſonnes, qui prennent des regles juſtes, pour raiſonner ſur de pareils ſujets.

Enfin Mr de Cicé eſt à la Chine pour les Jeſuites : il eſt encore pour eux quelque tems aprés ſon retour à Paris : & puis quand le procés est poussé vivement à Rome, il se declare contre eux. Mr de Brisacier en 1687. approuve le livre de la défense des nouveaux Chrétiens & des Missionaires Jesuites de la Chine, & en 1700. il revoque son approbation. Mr Aleonissa est pour eux, lors qu'il est Grand-Vicaire de Dom Gregorio Lopez, Evêque, Chinois de nation, & Dominicain. Il traduit le livre, où ce Prélat autorise les ceremonies Chinoises. Ensuite le même Mr Aleonissa approuve le Mandement de Mr Maigrot, & se declare contre les Jesuites à Rome. Mr Maigrot luy-même laisse les Jesuites en repos pendant prés de neuf ans. Dans la neuviéme année le Pere Monteiro, Jesuite, vient luy declarer de la part de l'Archevêque de Goa, en consequence d'une Bulle du Pape Alexandre VIII. qu'il ait a ne plus faire ses fonctions de Vicaire Apostolique, les contestations touchant la Jurisdiction, spirituelle dans la Chine étant terminées en faveur des Evêques des Indes sur les instances du Roy de Portugal : & douze jours aprés cette declaration, faite à Mr Maigrot par ce Jesuite, paroît le Mandement de Mr Maigrot contre les ceremonies Chinoises. On jugera de ces variations comme on voudra : mais je croy qu'il y auroit lieu d'en tirer des consequences bien avantageuses pour la cause des Jesuites.

Ensuite de toutes ces reflexions, qui meritent assûrément d'étre faites, j'aurois pû descendre dans un détail des ceremonies Chinoises, qui font le sujet du procés : mais d'autres que moy l'ont déja fait. Ceux qui ont vû le livre Latin intitulé : *Expositio facti de Sinensibus controversiis, &c.* ont été pour la plûpart satisfaits de ce qu'il contient. Je ne laisseray pas neanmoins de toucher icy quelque chose de ces ceremonies, & d'exposer en peu de mots l'état de la quéstion, en le tirant de ce cahos, où il semble que vous l'avez envelopé exprés dans vôtre lettre, pour n'en laisser que des idées tres-confuses à vos lecteurs.

Il s'agit de sçavoir si les honneurs, qu'on rend à Confucius & aux morts à la Chine, sont en effet un culte veritablement Religieux, ou si c'est un culte purement civil & politique, & qu'on doive par consequent tolerer, pour ne pas empécher le progrés de la Religion Chrétienne dans les conjonctures favorables, où l'on se trouve à la Chine, de l'étendre par tout avec une pleine liberté, accordée par l'Edit de l'Empereur, que les Jesuites ont obtenu de ce Prince. C'est là l'état general de la quéstion.

Cette quéstion de fait dépend de plusieurs autres faits particuliers. On demande si Confucius est regardé à la Chine comme un Dieu, si les Ancêtres morts y sont pareillemét regardez comme des especes de Divinitez. On demande si les lieux, où l'on rend des honneurs à Confucius, sont des Temples, & si la table, sur laquelle on brûle des bougies devant son tableau, est un Autel: si les animaux, qu'on tüe dans les ceremonies, ou plûtôt avant les ceremonies, qui se font aux Equinoxes, sont des victimes, & si cette action est une immolation & un sacrifice. On fait encore plusieurs autres quéstions: mais celles-cy sont les principales & les plus essentielles.

Les Jesuites sur tout cela soûtiennent la negative, & qu'il n'y a dans ces ceremonies, telles qu'ils les permettent aprés Alexandre VII. ni sacrifices, ni Temple, ni Autel. Leurs adversaires prétendent le contraire. Ils trouvent mauvais neanmoins qu'on leur attribüe d'avoir dit que Confucius soit regardé à la Chine comme un Dieu.

Les Jesuites soûtiennent ce qu'ils avancent sur ces faits par l'institution de ces ceremonies, par la fin, que les Chinois s'y proposent, & ils prétendent prouver ce qu'ils avancent par les livres des Chinois, par leurs Ceremoniaux, & par l'usage, qui est à la Chine, de rendre aux Empereurs, & aux Mandarins vivans, ces mêmes honneurs, qu'on rend à Confucius & aux morts. Leurs adversaires les contredisent sur la plûpart de ces faits-là mêmes. Ils citent aussi pour eux des livres & des Ceremoniaux Chinois. En un mot il y a une complication de faits contestez, sur lesquels il paroît tres-difficile de decider, & que toute la regle de juger, qu'on peut avoir sur ce sujet, semble devoir se reduire à l'autorité des témoins, qu'on cite de part & d'autre, c'est à dire des Missionaires tant anciens, que modernes.

Les Jesuites conviennent que parmy toutes ces ceremonies il y en a quelques-unes de superstitieuses, que les Idolatres ont ajoûtées aux autres, & que leurs Missionaires ont toûjours défendües. Ils declarent qu'ils n'ont jamais permis celles des Equinoxes, qui se font à l'honneur de Confucius : & il est étrange, Messieurs, que vous osiez dans vôtre lettre leur contester ce fait ; car il est prouvé par des témoignages, qui ne souffrent point de replique. Voicy un de ces témoignages. C'est celuy du Pere Navarette dans l'Acte, qu'il donna au Pere Antoine Govea, Vice-Provincial des Jesuites, aprés que ce Dominicain de son propre aveu eut été convaincu par les raisons du P. Brancati, que les ceremonies Chinoises n'étoient qu'un culte politique. *A l'ègard de Confucius*, dit le P. Navarette, *ce que vous permettez, nous le permettons aussi, en retranchant les deux ceremonies solennelles, que la Compagnie ne souffre pas non plus.*

Voicy encore sur cét article la réponse, que le P. Antoine Govea fit au P. Navarette : *Pour ce qui regarde les deux ceremonies solennelles, qui se pratiquent dans la sale, dite de Confucius, afin d'éviter jusqu'au moindre danger, & jusqu'à l'apparence même de superstition, nous nous en tenons à ce qu'ont observé nos anciens Peres, qui est d'en interdire l'usage aux Chrétiens, & de leur défendre même d'y être presens.*

En faut-il davantage, Messieurs, pour renverser tous les raisonnemens generaux, que vous faites là-dessus dans vôtre lettre ? Quand il s'agit d'un fait, il n'est point quéstion de raisonner. Le P. Navarette, qui s'étoit jusqu'alors si hautement declaré contre les pratiques des Jesuites, étoit-il gagé, pour mentir en leur faveur ? Et quand nous n'aurions pas le témoignage exprés de ce Missionaire Dominicain, & que nous n'aurions que celuy du P. Govea, ce Jesuite auroit-il osé avancer un fait de cette nature, s'il eût été faux, en écrivant à un homme, qui étoit témoin oculaire de ce qui se passoit à la Chine ? C'est vouloir s'aveugler soy-même, que de se former le moindre doute sur un point comme celuy-là: c'est vouloir imposer au public, que de le contester, & d'entreprendre par des raisonnemens de luy persuader le contraire. Cependant ce point est essentiel: & étant une fois vuidé, il ne reste plus sur ce point-là que les ceremonies, qui se font par les Graduez dans la sale de Confucius, & qui sont expressément permises

permiſes par le Decret d'Alexandre VII. où elles ſont exprimées, auſſi bien que celles, qui ſe font envers les morts.

Mais direz-vous, Meſſieurs, quoy-que les Jeſuites ne permettent pas ces ceremonies ſolennelles des Equinoxes à l'égard de Confucius, ils diſent qu'ils ne les croyent point Idolatres. Ils le diſent, parce qu'ils ſont perſuadez, & qu'ils prouvent tres-bien qu'elle ne renferment qu'un culte politique. Vous reprenez, & vous dites : Si elles n'ont rien de mauvais, que ne les permettent-ils ? Et s'ils ne les permettent pas, que ne diſent-ils qu'elles ont quelque choſe de mauvais ? J'ay déja répondu à ce méchant raiſonnement par la conduite des Apôtres & de l'ancienne Egliſe pour les ceremonies Judaïques.

Vous en faites encore un autre, qui ne vaut pas mieux. En vain, dites-vous, ſe rejetteront-ils ſur « l'intention interieure, que Dieu ſeul connoît. Un « habile Theologien leur a prouvé que dans ce qui « ſe fait on ne pouvoit ſe diſpenſer de reconnoître « au moins un ſacrifice exterieur : & c'en eſt aſſez, « pour étre obligé de tout rejetter. «

Pag. 24.

Certainement, Meſſieurs, vous ne vous faites gueres d'honneur en adoptant un tel raiſonnement, & vous deviez choiſir quelque autre endroit de ce Theologien, que vous citez, pour faire l'éloge de ſon habileté. Expliquons, s'il vous plait, l'équivoque, & vous jugerez vous-mémes de la juſteſſe du raiſonnement. Un exemple fera entendre ma penſée à ceux mémes, qui ne ſont pas Theologiens.

Durant les perſecutions, que les Empereurs Payens exciterent contre l'Egliſe, on menoit un Chrétien dans le Temple de Jupiter. On luy apportoit de l'encens pour l'offrir a cét Idole. Si par la crainte de la mort il le jettoit dans le brasier d l'Autel, il étoit censé avoir sacrifié à Jupiter, quoy qu'il n'eût pas l'intention de sacrifier, quoy qu'il fût persuadé que Jupiter n'étoit pas un Dieu, quoy qu'il fît cette action exterieure avec la plus extrême repugnance : & la raison étoit, que, selon l'idée des Payens, c'étoit - là un sacrifice, que ces Payens regardoient effectivement Jupiter comme un Dieu, & qu'enfin tant selon l'idée des Payens, que selon l'idée des Fidéles, c'étoit un signe que ce Chrétien renonçoit a sa Religion. Voila ce qui peut étre appellé un sacrifice exterieur, & ce qui non seulement n'étoit pas permis, mais encore qui étoit detesté par tous les fidéles. Mais cette action exterieure, faite en d'autres circonstances, doit-elle passer toûjours pour un sacrifice exterieur ? Point du tout. On voit par exemple dans nos Eglises un Prêtre, un Diacre, ou quelque autre Ministre Ecclesiastique encenser le saint Sacrement, & puis le Seigneur de la Paroisse. L'encensement fait au saint Sacrement est un culte de latrie : celuy, qui est fait au Seigneur de la Paroisse, l'est-il ? Non sans doute. D'où vient cela ; car c'est la même action à l'exterieur ? C'est qu'en France par exemple (car en certains pays Chrétiens la chose seroit tres-scandaleuse :) c'est, dis-je, qu'en France, & en plusieurs endroits de l'Europe, c'est un usage établi : c'est que, selon l'intention de ceux, qui font cette action, selon l'intention de ceux, à qui cét honneur se rend, selon l'idée de tous ceux, qui y assistent, c'est une pure marque d'honneur & de respect, qu'on rend aux personnes d'un tel, & d'un tel caractere. Vous voyez par là clairement, Messieurs, la difference, qu'il y a entre un sacrifice exterieur, & la même action exterieure, à raiſon des circonſtances, à raiſon de l'intention, à raiſon de l'inſtitution. Et vous voyez en même tems en quoy conſiſte le ſophiſme, dont il s'agit. Il en eſt de même de certaines ceremonies Chinoiſes. Ce ne ſont pas des ſacrifices exterieurs, quoy-que ce ſoit des actions exterieures uſitées, comme l'encenſement l'étoit dans les ſacrifices de l'ancienne Loy & du Paganiſme. Pourquoy? C'eſt parce que, ſelon l'intention des Chinois, ſelon l'inſtitution de ces ceremonies, ſelon les uſages reçûs de tout tems, ce ſont de ſimples marques d'honneur & de reſpect, qu'ils rendent à Confucius, qu'ils ne regardent point comme un Dieu, ainſi que vous en demeurez d'accord, ni comme un de ces autres genies, à qui les Idolatres de la Chine rendent des honneurs divins: mais comme un grand Legiſlateur.

Comme cét exterieur des ceremonies Chinoiſes eſt vôtre fort, & que vous vous en ſervez dans vôtre lettre, pour effrayer le monde, en affectant d'y confondre celles, que les Jeſuites y reconnoiſſent comme ſuperſtitieuſes, & celles, qu'ils regardent comme purement civiles & politiques, il eſt bon de faire faire encore un peu plus d'attention à la comparaiſon, que je viens de toucher en paſſant.

Continuons donc de comparer l'action, par laquelle on tüe pour les ceremonies ſolennelles de Confucius une chévre, ou d'autres animaux, avec nos encenſemens. Défaiſons-nous icy, s'il vous plaît, Meſſieurs, pour un moment de nos idées Françoiſes.

Offrir & brûler de l'encens étoit dans l'ancienne Loy & dans le Paganiſme une des actions des plus conſacrées & des plus Religieuſes, qu'il y eût. C'étoit l'eſpece de ſacrifice la plus parfaite, parce que c'étoit un holocauſte, où la créature eſt parfaitement détruite à l'honneur de ſon Créateur. L'immolation des animaux, qui n'étoient point brûlez ſur l'Autel, étoit une autre eſpece de ſacrifice inferieur à celuy-là. Que s'enſuit-il de cela, ſinon que nous avons en France un uſage, qui faiſant abſtraction de nos idées & de nos intentions, ſeroit en luy-même pire, ſelon l'exterieur, que celuy des Chinois conſideré de la même maniere, lors qu'ils tüent des animaux la veille des ceremonies ſolennelles de Confucius?

Si donc nôtre uſage peut étre rectifié, & eſt en effet rectifié par nôtre intention, par ſon inſtitution, par la fin, qu'on s'y propoſe, pourquoy celuy des Chinois ne le ſera-t-il pas à plus forte raiſon de même par les mêmes voyes? Et pourquoy fera-t-on un phantôme épouventable de cét exterieur de ces ceremonies Chinoiſes, tandis que nous avons, pour ainſi dire, l'imagination apprivoiſée à quelque choſe, qui devroit paroître pire? Mais que ſera-ce, ſi on ajoûte que cét encens, qui ſe preſente à un mortel, luy eſt preſenté dans nos Egliſes, en preſence de nos Autels, par les Miniſtres mêmes des Autels: & qu'au contraire ces animaux, qu'on tüe en l'honneur de Confucius, ſont égorgez hors de la ſale, deſtinée à l'honorer, non point par des Miniſtres d'office, mais par des bouchers, & que cela ſe fait, non point le jour de la ceremonie, mais le jour de devant, que cela ſe fait en l'honneur des Mandarins vivans, quand ils ſont d'un rang fort élevé, ſoit au jour de leur naiſſance, ſoit lors qu'ils prennent poſſeſſion de leurs Gouvernemens; qu'on le fait quelquefois en leur preſence: ce qui ne ſe fait pas devant le tableau de Confucius; qu'outre ces animaux, qu'on tüe en leur honneur, on leur offre des fruits, des legumes, du ris, des liqueurs; qu'on y fait l'élevation des bassins & des coupes; qu'on se prosterne devant ces mets & ces animaux, avant que de les offrir; qu'on y brûle des parfums; qu'on y allume des bougies en plein midy; qu'on y fait des concerts d'instrumens entre chaque service; qu'il y a un Maître des Ceremonies, qui regle tout, criant à haute voix: *Prosternez-vous*: *Relevez-vous*, & autres choses semblables; qu'on y recite par écrit les loüanges de celuy, en l'honneur de qui tout céla se fait; qu'enfin c'est une maxime parmy les Chinois, que les morts, & en particulier Confucius, ne doivent point étre honorez avec d'autres ceremonies, que celles, dont on use à l'égard des vivans, à qui l'on veut donner des témoignages particuliers de son respect? Tout ce que je viens de dire se voit en partie dans les livres du P. Brancati, qui persuaderent le P. Navarette d'approuver les ceremonies Chinoises, & en partie dans ceux du P. le Faure, & des autres Missionaires, qui ont écrit sur ces matieres, qui écrivoient tout cela dans la Chine à la vûë des Chinois. On a les originaux de ces livres, écrits sur du papier de la Chine, & qu'on offre à la Congregation du Saint Office de produire imprimez, pourveu qu'on ait le tems de les achever d'imprimer avant le Jugement, que les adversaires des Jesuites pressent de toutes leurs forces, & où il s'agit d'une affaire, où un delay de dix ans, pour avoir tous les éclaircissemens necessaires, feroit moins de mal, quand même les ceremonies Chinoises seroient dans la suite reconnües mauvaises, que n'en feroit à la Religion un Jugement, qui seroit porté six mois trop tôt.

Je ne m'étendray pas plus au long sur ce sujet, Messieurs. C'en est là assez, pour détromper le monde sur ces points capitaux de la quéstion, & pour justifier auprés de tous les honêtes gens la conduite des Missionaires Jesuites dans le parti, qu'ils ont pris sur les ceremonies Chinoises, quand même ils se seroient trompez. Mais, Messieurs, pourriez-vous justifier de même celle, que vous avez tenüe à l'égard de leur Compagnie ?

Sous prétexte d'écrire au Pape, vous venez de donner au public la plus affreuse idée de nos personnes & de nôtre Compagnie, que l'on en ait peut-étre jamais donnée. C'est là le sentiment general de tous ceux, qui ont lû vôtre lettre. Nos ennemis en triomphent, & vous ne pouviez pas mieux entrer dans leur passion. Aussi vous en sçavent-ils bon gré. Ceux, qui aiment sincerement l'Eglise, en sont affligez, & vous ne pouviez leur causer une plus sensible douleur. Les héretiques en profitent par les consequences terribles, qu'ils en tirent à l'avantage de leur parti contre le parti Catholique, & vous ne pouviez pas leur fournir de meilleures armes. Tous jusqu'aux plus indifferens conviennent que depuis qu'on écrit contre les Jesuites, il n'y a peut-étre point eu d'ouvrage plus aigre, plus mordant, & plus outrageant, que celuy-là.

A Dieu ne plaise, Messieurs, que nous entreprenions de vous répondre dans le même stile. Il ne s'agit pas icy de repousser l'injure par l'injure. Il s'agit d'édifier l'Eglise, à laquelle vous & nous sommes responsables de nôtre conduite & de nos sentimens. Il s'agit de remedier au scandale, que vôtre lettre cause, lors qu'elle declare à tout le monde Chrétien, &, qui pis est, au monde Protestant, qu'un

Ordre entier de Religieux, un Ordre approuvé de l'Eglise, employé par l'Eglise, qui sert l'Eglise en toutes les parties du monde, fait une profession ouverte de permettre publiquement l'idolatrie, & que les Missionaires de cét Ordre vont de dessein formé jusqu'aux extrémitez de la terre, pour y faire des Chrétiens Idolatres.

Voila ce que les Jurieux, & les autres Ministres de l'héresie, fondez sur les libelles indiscrets & calomnieux des ennemis des Jesuites, ont aussi malicieusement qu'injustement reproché à l'Eglise Romaine. Or voila pourtant de quoy vôtre lettre va leur servir de nouvelle preuve, dont ils prendront acte. Car si vôtre lettre est exactement vraye, il est évident qu'ils ont raison, & il est impossible de les convaincre qu'ils ne l'ont pas, qu'en disant, & en leur montrant que vôtre lettre est pleine d'exaggeration, de fausseté, & de malignité. C'est avec peine, Messieurs, que nous employons ces termes, en nous adressant à vous, & que nous nous sommes trouvez contraints de demontrer une telle verité.

Je l'ay demontrée cette verité par tout ce que je vous ay dit jusqu'à present: Et quand vous pourriez venir à bout de renverser toutes les preuves des faits, que j'ay avancez, pour justifier la conduite des Missionaires Jesuites au regard des ceremonies Chinoises, l'injustice de vôtre lettre subsisteroit toûjours dans le point capital.

Cette injustice, dont vous ne vous laverez jamais, consiste en ce qu'elle suppose toûjours contre nous ce qui est en quéstion. Il est quéstion de sçavoir si certains honneurs, que l'on rend en la Chine à Confucius & aux morts, sont des Idolatries, ou bien des ceremonies purement politiques, comme le prétendent les Jesuites, & les autres Missionaires de leur parti, sans en exclure les Dominicains, dont les principaux & les plus considerables ont été de même sentiment. Voila sur quoy est le procés. C'est ce que l'on examine à Rome. Que faites-vous à Paris? Independemment de ce que Rome en decidera, vous supposez que ces honneurs sont des Idolatries, & vous le supposez comme une chose, dont personne ne doute, ni ne peut douter. Au lieu d'inscrire vôtre lettre au Pape: *Lettre sur les contestations de la Chine*, vous l'inscrivez: *Lettre sur les Idolatries de la Chine*: Et le supposant ainsi, vous vous déchaînez impitoyablement contre les Jesuites, comme contre des fauteurs declarez & obstinez d'idolatrie. Hé, Messieurs! attendez que le procés soit jugé. Quand Rome aura prononcé, vous donnerez à vôtre zele tout l'essort qu'il vous plaira: mais au moins jusques là contenez-vous, & traitez les Jesuites plus honêtement. Si Rome approuve vôtre sentiment, alors vous aurez plus de sujet de vous declarer cõtre eux. Encore en ce cas auroient-ils droit d'exiger de vous que vous ne leur insultiez pas: & s'ils refusent de se soûmettre, il vous sera permis de ne les pas épargner

Mais que par avance & par provision, sans attendre le Jugement de Rome, vous commenciez par les décrier comme des gens sans Religion, & qui sont determinez à corrompre le Christianisme, en permettant d'énormes & de monstrueuses Idolatries, que sur la simple exposition, qu'il vous plaît de faire de ces prétenduës Idolatries, vous les noircissiez; en les faisant passer pour des hommes, qui devroient étre regardez comme des monstres dans le Christianisme, s'ils étoient tels que vous les representez

presentez par vôtre lettre ; que d'une maniere hautaine, méprisante, & insultante vous affectiez de les confondre, &, si vous pouviez, de les anéantir, dans le desespoir, où vous étes, dites-vous, de les convertir ; & tout cela pendant que le Saint Siege, saisi de la cause, examine, qui des deux à tort, sans vous donner la patience d'attendre que Rome ait parlé. C'est, Messieurs, ce qui nous paroît injuste, pour ne pas dire violent, & c'est de quoy nous nous plaignons à vous-mêmes. Mais cette injustice doit paroître encore bien plus criante, si l'on fait attention à la reflexion, qui suit.

Les Ecrivains de vôtre parti avoüent eux-mêmes que les Chinois ne reconnoissent point Confucius pour un Dieu. Monsieur Charmot en convient, jusqu'à trouver mauvais qu'on luy ait imputé, & à Mr Maigrot, de croire le contraire. Dés-là, sans parler des autres preuves évidentes, que nous en avons, nous concluons que les presens, que l'on fait dans la Chine à Confucius, ne sont point des sacrifices, que les tables, sur lesquelles on met ces presens, ne sont point des Autels, que les lieux, où l'on s'assemble pour ces ceremonies, ne sont point des Temples ; car, comme dit saint Augustin, on ne fait des sacrifices qu'à Dieu, ou qu'à celuy, que l'on croit étre Dieu, c'est à dire, dont on fait une Idole & une fausse Divinité. Il en est de même des Temples & des Autels. C'est là la consequence naturelle, que nous croyons avoir droit de tirer de la confession même de Mr Charmot. De sçavoir si cette consequence est bien tirée, & qui de vous, ou de nous raisonne le mieux, c'est encore un coup le sujet du procés.

Cependant sans attendre le denoüement & l'issüe

de ce procés, toute vôtre lettre ſuppoſe, & l'exprime en je ne ſçay combien de manieres, que nous permettons aux Chrétiens de la Chine d'aſſiſter *aux ſacrifices de Confucius, d'immoler des victimes à leurs Ancêtres dans des Temples, &c.* Choſes, que nous nions hautement, & ſurquoy nous proteſtons tout le contraire. Que n'avez-vous au moins l'équité de dire que nous n'en convenons pas? Et pourquoy par une expreſſion ſi affirmative donnez-vous à entendre à tout l'univers qu'en effet nous autoriſons l'idolatrie; nous, à qui tant de Chinois Chrétiens rendent témoignage que la premiere inſtruction, que nous leur avons donnée, a été de fuir les Temples des Idoles, & d'en avoir horreur; nous, qui nous ſommes tant de fois attirez par là à la Chine la perſecution des Idolatres; nous, qui avons pour cela ſouffert les exils & les priſons? Y a-t-il dans la Chine un ſeul Temple d'Idoles, dont nous permettions l'entrée à nos Chrétiens? Si nous avons été perſuadez avec tant d'autres Miſſionaires que les édifices, où l'on s'aſſemble, pour honorer Confucius & les morts, ne ſont point des Temples, & que les honneurs, qu'on y rend, ne ſont pas des ſacrifices, faut-il, parce qu'en cela, fondez ſur de bonnes raiſons, nous ſommes d'un ſentiment different du vôtre, que vous nous diſiez Anatheme, & que vous répandiez contre nous tout le fiel & toute l'amertume, dont vôtre lettre eſt remplie?

Pour mettre le comble à l'outrage, & pour nous tourner en ridicules, vous dites *qu'aprés que les Jeſuites ont ſué ſang & eau*, pour excuſer les ceremonies, qui ſe font à l'honneur de Confucius, quand on leur demande qu'elle eſt donc la difference entre ces ceremonies, & celles, qui ſe pratiquent à l'é- Pag. 24.

gard des autres Idoles de la Chine, *ils ſont reduits à répondre comme l'un d'eux vous à répondu, qu'ils n'en ſçavent rien.*

De bonne foy, Meſſieurs, eſt-il vray ? Eſt-il poſſible que vous ayez vû les Jeſuites reduits à une réponſe auſſi pitoyable & auſſi impertinente que celle-là : Ont-ils beſoin de *ſuer ſang & eau*, pour trouver en cela une difference, non ſeulement, qui ſaute aux yeux, mais que vous leur fourniſſez vous-mêmes, & qui ſuffiroit toute ſeule, pour vous confondre ? Suppoſé, comme vous en tombez d'accord, que les Chinois ne reconnoiſſent point Confucius pour un Dieu, eſt-il rien de plus aiſé aux Jeſuites, que de répondre à cette quéſtion, & d'y répondre ſolidement?

Rappellez encore, s'il vous plaît, l'exemple, que je vous ay déja propoſé des encenſemens, qui ſe font dans nos Egliſes. Dites-nous, je vous prie, ſi un Calviniſte en France, ou un Chinois Payen à la Chine, vous demandoit quelle difference il y a, ſelon vous, entre encenſer le ſaint Sacrement, & immediatement aprés encenſer dans la même Egliſe le Seigneur de la Paroiſſe? Vous faudroit-il ſuer ſang & eau, pour luy marquer en quoy cette difference conſiſte; & en ſeriez-vous reduits à luy avoüer que vous n'en ſçavez rien ? Car c'eſt parfaitement le même cas, & on vous défie d'en apporter la diſparité. Sans qu'il vous en coutât de ſuer ſang & eau, ne croiriez-vous pas avoir bien répondu, en diſant qu'on encenſe le ſaint Sacrement, comme contenant JESUS-CHRIST, qui eſt le vray Dieu, au lieu qu'on n'encenſe le Seigneur de la Paroiſſe, que comme un homme, qui y tient le premier rang. Quoy-que l'action exterieure, & regardée materiellement, s'il m'eſt permis d'uſer de ce terme de l'Ecole, ſoit la même, la diverſité des objets & des motifs en fait deux choſes eſſentiellement differentes ; c'eſt à dire, que du premier encenſement elle en fait un culte Religieux, & du ſecond un honneur d'une toute autre eſpece. Voila, ſelon la doctrine de ſaint Thomas & des autres Theologiens, ce que vous répondriez au Calviniſte & au Chinois Payen.

Pourquoy ne voulez-vous pas que les Jeſuites vous faſſent la même réponſe ſur ce qui regarde les ceremonies de Confucius, & celles des Idoles de la Chine ? Ou plûtôt ſçachant fort bien que c'eſt juſtement & préciſément ce que les Jeſuites répondent, pourquoy les traduiſez-vous en ignorans, qui ſont reduits à confeſſer qu'ils n'en ſçavent rien? Un d'eux, ajoûtez-vous, l'à ainſi répondu. La belle raiſon ! Peut-être l'à-t-il fait ainſi, indigné de l'abſurdité de vôtre demande. Peut-être n'étoit-il pas en effet aſſez inſtruit des choſes, pour entrer dans ces diſcuſſions. Mais peut-être eſt-ce un Jeſuite imaginaire, que vous feignez, pour luy faire dire des ſottiſes. Vous avez un fameux modele pour ce beau ſecret. On introduiſoit autrefois un Jeſuite de ce caractere, pour luy mettre en bouche mille impertinences en matiere de Morale. Pourquoy n'en pas faire autant, pour attribuer des extravagances aux Jeſuites ſur les ceremonies Chinoiſes ? Mais aprés que tant d'habiles Ecrivains de cette Compagnie ſe ſont expliquez ſi nettement, & avec tant de ſolidité ſur ce ſujet, tant en Europe, qu'à la Chine, un tel artifice, mis une ſeconde fois en œuvre, ne peut plus avoir rien que de fade, & d'indigne de gens comme vous.

Vous en employez un autre, qui n'eſt pas moins uſé, mais qui eſt encore pire que celuy là. Il s'agit icy de faits & de choses, qui se passent à six mille lieües de Paris : & tout bien consideré, toutes les preuves se reduisent aux depositions des témoins oculaires, & qui ont été sur les lieux. Dans cette cause les témoins & les parties sont les mêmes, avec cét avantage neanmoins du côté des Jesuites, que, si l'on compte les témoignages, ils l'emportent de beaucoup, sans même y comprendre ceux de la plûpart des anciens Missionaires des autres Ordres, qui aprés un serieux examen s'étoient rangez à leur parti : De sorte qu'il se trouveroit bien cinq Missionaires Jesuites d'un côté, contre un de l'autre. Cela étant ainsi, le monde naturellement penseroit que le témoignage de cinq Jesuites vaudroit bien celuy d'un Jacobin, & que l'autorité du Pere Martini devroit peut-être l'emporter sur celle de Mr Charmot. Que faites-vous, pour affoiblir ce préjugé? Vous commençez par décrier les Jesuites, par les diffamer, par ramasser dans vôtre lettre tous les traits satyriques, que les héretiques & les Novateurs ont lancez contre eux dans mille libelles diffamatoires ; en un mot, par les mettre dans le rang de ces infames, qui ne meritent point de créance en jugement. Les reconnoissiez-vous pour tels, Messieurs, lors-que vôtre Congregation naissante regardoit leur Compagnie comme sa mere, qui l'avoit formée dans son sein, & luy avoit fait part de ce zele, que vous avez eu depuis pour la conversion des Infidéles? C'étoit principalement en ce temslà que certaines gens, rebelles à l'Eglise & au Roy, publioient leurs satyres contre les Jesuites. Vous les detestiez alors ces satyres, vous en étiez indignez, vous preniez la défense des Jesuites, que vous connoissiez, disiez-vous, tout autres qu'on ne les dépeignoit dans ces méchans libelles. Et voila que vous encherissez par dessus, & que vous en faites l'appuy de vôtre cause.

C'est aux écrits, que les Jesuites firent alors, pour se défendre, que vous faites allusion, autant qu'à la lettre du Pere le Comte, lors-que vous dites, Que le bel endroit, ou plûtôt l'endroit favory de tous les Ecrivains de la Compagnie, celuy, dont ils aiment le plus à se parer, & dont ils se parent en effet avec pompe en toute occasion, c'est de dire qu'ils n'ont pour ennemis que les ennemis de la Religion. Non, Messieurs, ce n'est point là nôtre endroit favory : vous ne prenez pas bien nos termes, & vous interpretez mal nôtre pensée. Nôtre endroit favory, puis qu'il vous plaît de l'appeller ainsi, ou plûtôt nôtre endroit consolant, c'est de voir que depuis que nous sommes au monde, tous les héretiques & tous les Novateurs se sont jusques à present déchaînez contre nous, & que tous les ennemis de l'Eglise, dés qu'ils le sont, deviennent les nôtres. L'Allemagne, l'Angleterre, & la France en sont témoins depuis un siecle & demy : & nous ne disons que cela. Mais nôtre endroit douloureux c'est de voir souvent les Catholiques, seduits par les Novateurs & par les héretiques, se joindre à eux, pour nous persecuter, & seconder par cela, même contre leur intention, les mauvais desseins de ces ennemis de l'Eglise. Ce que vous dites icy, vous l'avez tiré des livres de certains Ecrivains assez connus, & vous avez pris leur endroit favory pour le nôtre. Ils le repetent éternellement dans leurs ouvrages, que les Jesuites se vantent de n'avoir pour ennemis que les ennemis de la Religion ; que, selon ces Peres, tous *ceux qui les attaquent, ou qui leur répondent, sont*

Pag. 9.

des héretiques, des Jansenistes, des gens de cabale & de parti. C'est un secret, dont usent ceux, qui font parler ainsi les Jesuites, afin de s'épauler de toutes les personnes, qui étant d'ailleurs bons Catholiques, ne sont pas favorables à leur Compagnie. Et plût à Dieu que ce secret leur réussît moins. Il est fâcheux que l'on vous voye vous-mêmes parler ainsi, pour mettre contre les Jesuites le plus de gens que vous pouvez : cela n'est ni vray, ni charitable.

Nous avions droit d'esperer de vous, Messieurs, que vous en useriez du moins à nôtre égard avec autant de moderation & d'équité, que Monsieur Maigrot dans son Mandement: & nous avons la douleur de voir que vous avez fait tout le contraire. Car Mr Maigrot declare que par son Ordonnance *il ne prétend point blâmer ceux, qui ont eu d'autres sentimens, & qui ont suivy un autre usage, parce qu'il n'est pas étrange*, ajoûte-t-il, *que dans ces sortes de choses tous les Missionaires n'ayent pas été de même avis, & que chacun ait embrassé la pratique, qui luy paroissoit selon Dieu la plus conforme à la verité.* Est-ce ainsi que parle vôtre lettre ? & est-ce ainsi qu'elle ménage les interêts de la charité ? Par-là Mr Maigrot met à couvert tous les Missionaires Jesuites de la Chine : & vous vous acharnez à les flétrir. Quand même ils se seroient trompez, chose, dont tous les hommes sont capables, Mr Maigrot les excuse & par la droiture de leur intention, & par la difficulté de la chose : & vous vous applaudissez, en disant que ce sont des entêtez, obstinez à vouloir justifier par tout l'idolatrie, gens, que rien n'arrête, ni le respect dû à la verité, ni le zele pour la pureté du culte Evangelique, ni les remontrances, qu'on leur a faites. Par cét endroit de son Mandement Mr Maigrot rend au moins justice à ces grands serviteurs de Dieu, qui pleins d'un zele Apostolique ont été les premiers Fondateurs de la Mission de la Chine, & dont la memoire est encore pour cela en benediction: & vous contez pour rien de les representer sans distinction comme des hommes ambitieux, flatteurs des Grands, qui ont cherché les moyens de s'insinuer à la Cour, d'y parvenir aux honneurs & aux dignitez, en trahissant leur ministere, vous souciant peu de ce qu'il en coûtera à la Religion, pourveu que vous détruisiez les Jesuites. Vous exaggerez avec malignité tout ce qui semble avoir contre eux quelque apparence odieuse, & vous supprimez avec affectation tout ce qui pourroit l'adoucir, & les disculper. Car en disant par exemple, qu'ils out si bien fait, qu'ils sont parvenus dans la Chine jusqu'à se rendre Présidens du Tribunal des Mathematiques, sans se souvenir qu'ils avoient autrefois decidé dans leur Assemblée de la Province de Nanquin qu'on ne pouvoit pas bâtiser le Président des Matematiques, s'il demandoit à être Chrétien, à moins qu'il ne renonçât à sa charge, & sans prendre garde que cette charge traînoit aprés elle des suites, qui paroissoient peu compatibles avec le Christianisme, comme de faire des Calendriers, où l'on marque les jours heureux & malheureux: en annonçant, dis-je, ce fait, vray, ou faux, vous vous donnez bien de garde d'ajoûter ce qui est certain, sçavoir que le Pere Adam Schall, qui fut le premier élevé a cette dignité, ne l'accepta, qu'à condition qu'il retrancheroit du Calendrier Chinois les jours heureux & malheureux, parce qu'il trouvoit en cela de la superstition. Vôtre lettre publie l'un, & supprime l'autre. C'est ce que nous appellons malignité.

gnité. On vous en citeroit je ne ſçay combien d'autres exemples encore plus marquez, ou, au lieu que pour l'honneur de la Religion vous auriez dû dans vôtre lettre faire au moins quelque mention de ce qui juſtifioit clairement la conduite des Jeſuites, non ſeulement vous affectez de le diſſimuler, & de l'ignorer : mais vous prenez à tache de ramaſſer & de groſſir ce que vous croyez, qui les devoit perdre, c'eſt à dire, qui les perdroit, ſi l'on s'en rapportoit à vous, & à l'expoſition maligne, que vous en faites.

En un mot le Mandement de Mr Maigrot vous a paru trop honête, &, ſelon vos intentions, trop moderé, pour ne pas dire trop fade. Vous avez jugé à propos d'y mettre le ſel : mais vous l'y avez mis à poignées : & au lieu que Mr Maigrot par les dernieres paroles de ſon Mandement a ôté aux héretiques tout prétexte de ſe prévaloir contre l'Egliſe de la prétendüe idolatrie des Jeſuites, vous leur en avez ouvert par vôtre lettre le plus beau champ, qu'ils en eurent jamais.

Mais revenons. Une des quéſtions, que l'on examine à Rome, c'eſt celle, qui regarde le Decret d'Alexandre VII. obtenu par les Jeſuites l'année 1656. & qui depuis ce tems-là a ſervy de regle à tous les Miſſionaires de la Chine dans la conduite des Chrétiens Chinois. Il s'agit de ſçavoir ſi ce Decret a été rendu avec connoiſſance de cauſe. Les Jeſuites & les Dominicains de leur parti ſoûtiennent qu'oüy. D'autres Dominicains ſoûtiennent avec vous que non. C'eſt un des principaux points du procés.

Que fait vôtre lettre ? Elle ſuppoſe, mais heureuſement elle ne le prouve pas, & à gens, mediocrement éclairez, elle ne le perſuadera pas : elle ſuppose, dis-je, comme une chose decidée, & qui est sans contestation, que ce Decret est subreptice ; que les Jesuites, pour l'obtenir, ont formé entre eux le dessein de tromper le Saint Siege ; qu'ils ont tenu pour cela conseil ; que, contre leur propre conscience, ils ont cherché des expediens, pour maintenir à quelque prix que ce fût l'idolatrie, dont ils étoient les défenseurs, en donnant aux ceremonies Chinoises une interpretation de leur façon ; qu'aux dépens de la verité, leur habileté & leur esprit leur en ont fourni les moyens ; que dans cette vûë ils ont deputé à Rome le Pere Martini ; que ce Jesuite est parti du fond de la Chine ; & qu'il a fait six mille lieües, pour venir prendre la Sacrée Congregation, le Pape, & toute l'Eglise, comme dans un piege. Ce Pere Martini, dont Monseigneur Alconissa, tout declaré qu'il est pour vous, parle cependant avec tant d'éloges, & qu'il confesse avoir été un homme d'un tres-grand merite, est, selon vôtre lettre, un trompeur & un imposteur, qui déguisant les choses, & les proposant tout autrement qu'elles n'étoient, c'est à dire, qui mentant hardiment, non seulement aux hommes, mais à Dieu dans la personne du Vicaire de JESUS-CHRIST, n'a pas laissé de venir à bout de sa malheureuse entreprise. Hé, Messieurs ! encore une fois à quoy bon toutes ces aigreurs ? Pourquoy déchirer la memoire d'un homme, d'ailleurs, malgré vous, estimable & respectable ? Est-ce ainsi qu'on en doit user, quand on plaide en honêtes gens ? Si les Jesuites disoient quelque chose de semblable du Pere Moralez, Dominicain, au sujet du Decret d'Innocent X. en seriez-vous bien édifiez ? Il ne tiendroit pourtant qu'à eux d'en dire autant, & peut-être avec plus de raiſon ; car au moins eſt-il vray que, quand le Pere Moralez, Dominicain, obtint le Decret d'Innocent X. les Jeſuites, qui étoient les parties intereſſées, ne furent ni oüis, ni appellez. Le Decret le porte expreſſément, au lieu que, quand le Pere Martini ſollicita dix ans aprés le Decret d'Alexandre VII. le Pape ni la Sacrée Congregation ne pouvoient pas ignorer ce que le Pere Moralez avoit propoſé, puis qu'ils l'avoient devant les yeux, & qu'ainſi ils jugeoient les deux parties oüyes.

Mais ſans entrer ſur ce point dans aucune diſcuſſion, jamais les Jeſuites n'ont crû pour cela devoir s'emporter contre le Pere Moralez. Ils l'ont toûjours regardé comme un homme de bien, & même comme un fervent Religieux, qui, ſelon eux, s'étoit trompé ſur le fait des ceremonies Chinoiſes: mais qui avoit agi de bonne foy, ſelon ſes lumieres: & par là ils ont toûjours conſervé avec luy l'eſprit de charité & de paix. Que ne traitiez-vous les Jeſuites de la même façon ? Et parce qu'ils ne ſont pas de vôtre avis ſur les points conteſtez, pourquoy faut-il qu'oubliant toutes les loix de la charité & de l'honêteté, vous les faſſiez paſſer dans le monde pour des gens ſans conſcience & ſans honneur ; qui apprehendent peu le ſcandale ; qui ne rougiſſent pas ſans raiſon (on entend ce que cela ſignifie ;) qui imaginent des ſecrets, pour autoriſer l'idolatrie; qui ſe font un vain triomphe d'avoir trompé le Pape & le Saint Siege ; qui, quoy qu'on faſſe, ſont determinez à renverſer plûtôt le Chriſtianiſme, que de démordre de leurs erreurs, &c ? Car vôtre lettre dit tout cela, ou le fait entendre : & on s'étonne, Meſſieurs, que vous ne rougiſſiez pas vous-mêmes d'avoir outré les choſes juſqu'à ce point.

En verité, Messieurs, on ne peut vous croire, quand vous dites dans vôtre lettre que *vous n'en sçavez pas tant que les Jesuites*. C'est-là en sçavoir beaucoup plus que vous n'en devriez sçavoir. *Nous*, dites-vous, *qui n'en sçavons pas tant*, *nous avons été reduits à nous en tenir litteralement à l'Evangile*. On demande à quel Evangile? Est-ce à celuy de saint Matthieu, où nous lisons: *Quiconque dira à son frere*, Racha, *meritera d'être condamné?* Combien de Rachas dans vôtre lettre? c'est à dire, combien de traits aigus & mordans, en comparaison desquels tous les Rachas du monde seroient des douceurs?

Pag. 6.

Ah, Messieurs, encore un coup! qu'il en faut sçavoir, pour s'en tenir litteralement à l'Evangile, & écrire une lettre comme la vôtre? L'Evangile ne prêche que charité, que moderation, qu'humilité, on y deteste jusqu'au moindre outrage fait à son frere, elle condamne l'aigreur, les emportemens, & jusqu'à la moindre parole choquante: & où est là-dessus cette conformité litterale de vôtre conduite & de vôtre lettre avec l'Evangile? Sont-ce les Jesuites, n'est-ce pas toute la Cour, n'est-ce pas tout Paris, qui l'ont regardée comme la plus sanglante satyre, qui ait jamais été écrite contre leur Compagnie? Peut-on en lire deux pages de suite, sans en avoir cette idée? Qui peut voir, sans en être indigné, ou plûtôt sans rire, la protestation, que vous faites au commencement de cét écrit, de vous en tenir en l'écrivant *à vôtre premiere moderation?* Et si l'on juge à cet égard du passé par le present, ne vous convaincra-t-on pas par vos propres paroles que vous avez toûjours tenu envers les Jesuites une conduite infiniment emportée?

Pag. 7.

Pour ce qui eſt de la verité & de la ſincerité, autre caractere de l'Evangile, & de ceux, qui le pratiquent litteralement, qu'en penſera-t-on, quand on rapprochera de vôtre lettre quantité de faits, dont je parle dans cét écrit, ſur leſquels vous avez déguiſé, biaiſé, diſſimulé, pour ne pas me ſervir d'un terme plus fort, & ne pas imiter la dureté de vos expreſſions? Quand on verra qu'alleguant contre les Jeſuites la denonciation, que l'Archevêque de Manile & l'Evêque de Zebut firent contre eux au Pape, vous avez paſſé ſous licence les lettres de retractation, écrites par ces Prélats quelque tems aprés à Rome, pour juſtifier les Jeſuites, qu'ils avoient accuſez ſur de fauſſes relations: Retractation, qui eſt une approbation manifeſte des pratiques des Jeſuites touchant lès ceremonies Chinoiſes: Quand on verra qu'en attaquant dans toute vôtre lettre les ſeuls Jeſuites, comme les uniques fauteurs des prétenduës idolatries Chinoiſes, vous vous gardez bien de faire remarquer que tant de Miſſionaires des autres Ordres dés l'an 1669. convaincus par les raiſons des Jeſuites, aprés des conferences reglées, & des écrits de part & d'autre, s'étoient enfin rendus à leurs raiſons, & cela au nom de leurs Superieurs, & avoient embraſſé le ſentiment des Miſſionaires Jeſuites. Vous vous contentez de dire en paſſant que *quelques-uns d'entre les Religieux s'étoient laiſſez tromper par le deſir de ſe mettre à couvert des perſecutions*. C'eſt là faire en même tems de ces Religieux de malheureux prévaricateurs de leur miniſtere, & des Jeſuites de deteſtables impoſteurs. Mais que vous importe que la reputation de ces Religieux ſoit flétrie d'une maniere ſi horrible, pourveu que le crime en retombe ſur les Jeſuites? Pag 38.

K iij

Quand on verra encore par les pieces authentiques, que j'ay citées, la relation fausse & odieuse, que vous faites, de l'Assemblée de Canton : Quand on vous verra vous appliquer à prouver que les Jesuites permettent les ceremonies des Equinoxes à l'honneur de Confucius, malgré l'évidence des faits & des témoignages contraires, que je rapporte là-dessus : Quand on vous verra parler du Decret, obtenu par le P. Moralez, comme d'un Decret, *rendu avec connoissance de cause, & qui avoit été signifié aux Jesuites dans toutes les formes*, quoy-que le contraire soit constant par les termes du Decret d'Alexandre VII. * Quand on apprendra par le livre, que j'ay cité, & qu'on croit être du P. Moralez même, que ce Decret ne fut publié à la Chine, qu'aprés qu'il l'eut modifié, alteré, tronqué, & qu'il n'y eut laissé que les choses, dont les Jesuites convenoient eux-mêmes sur l'article de Confucius : Quand on vous verra citer à tout propos trois, ou quatre Dominicains, qui ont écrit contre les Jesuites, comme si c'étoient des oracles, & dire sur telles preuves : *On a convaincu les Jesuites à Rome & en France de l'impieté & de l'idolatrie, qui est comprise dans ces paroles*, Adorez le ciel, *par des demonstrations, qui les accablent, & dont ils ne se releveront jamais.* C'est le P. Alexandre, que vous citez en cette occasion, dont les emportemens encore plus violens, & beaucoup plus mal assaisonnez, que les invectives de vôtre lettre, sont à peine soufferts de ceux, à qui il donne son livre, & qui, malgré le public, s'ingere par tout, & veut paroître dans toutes les grandes scenes.

Pag. 12.

* Cæterùm cùm Missionarij Societatis Jesu in prædicto Regno tunc temporis auditi non fuerint.

Pag. 40.

Dans tous ces endroits de vôtre lettre la charité ou la verité sont visiblement blessées. Mais je ne sçay comment exprimer l'atteinte, que vous donnez à l'un & à l'autre dans la page 36. où aprés avoir representé le Pere Adam Schall comme un ambitieux, comme un prévaricateur, qui avoit sacrifié sa conscience à l'honneur d'être Président du Tribunal des Mathematiques, vous n'avez pas de honte de le rendre responsable de la persecution, qui s'alluma alors contre les Chrétiens.

C'est ainsi, M[rs], que vous traités ce S. Missionaire, le plus illustre Cõfesseur, qu'ait eu l'Eglise de la Chine, & à qui l'on pourroit même dõner le nõ de Martyr, puis qu'il mourut peu de tems aprés être sorti de sa prison des incommoditez, qu'il y avoit souffertes, & des autres mauvais traitemens, qu'on luy avoit fait endurer durant la persecution. Je vous ay déja fait remarquer un peu auparavant que, selon la relation d'un Pere Dominicain, qui fut luy-même du nombre de ces saints Confesseurs de JESUS-CHRIST, le Pere Adam Schall fut au moment de voir sa mission couronnée d'une mort glorieuse, & qu'à cette occasion il arriva des prodiges si extraordinaires, *qu'on n'eut pas lieu de douter qu'il n'y eût quelque chose au dessus de la nature.* Mais quand de saints Confesseurs, & le ciel même, se declarent ainsi en faveur d'un Missionaire Jesuite, ses Freres, Messieurs, peuvent ne se pas mettre en peine des efforts, que vous faites, pour le décrier, sur tout quand ils voyent que dans vôtre lettre vous n'épargnez pas la memoire de Monsieur Constance, à qui vous aviez des obligations infinies, lesquelles vous avez crû devoir oublier, parce qu'à Siam il fit paroître un peu plus de consideration pour les Jesuites, que pour vous : Ce qui pourroit confirmer la reflexion, que fit un grand Magistrat, aprés avoir

Lettre du Pere Sarpetri, écrite à la Congregation *de propagandâ fide.*

Pag. 6.

lû vôtre lettre, qu'il n'y auroit point de bruit à la Chine, si les Missionaires changeoient de place, que ceux du Séminaire des Missions fussent à la Cour de l'Empereur, & tous les Jesuites dans les Provinces éloignées de la Capitale. Que voulez-vous, Messieurs? Je suis persuadé que le zele des uns & des autres est égal : mais d'ailleurs il y a apparemment quelque autre chose, qui cause ces distinctions, qu'on a faites des Jesuites & de vos Missionaires à Siam & à la Chine.

J'ômets plusieurs autres articles de vôtre lettre, qui sont également injurieux aux Jesuites, & peu conformes à la verité & à la charité. Ceux, que je viens de toucher, me suffisent, ce me semble, pour laisser juger au monde du témoignage, que vous vous rendez à vous-mêmes, *de vous être reduits à vous en tenir litteralement à l'Evangile.* Et tout le monde sera parfaitement convaincu de ce que vous dites au Pape une page auparavant, que Sa Sainteté verra bien que dans vôtre lettre *vous y avez cherché quelque chose de plus qu'une simple consolation.* *Pag. 5.*

Je finis, Messieurs, en vous avertissant d'une reflexion, qu'on a faite sur vôtre écrit, laquelle regarde encore l'article de la sincerité. Ce fut dans une compagnie, ou quelq'un proposa une quéstion, qui surprit d'abord ; c'est à sçavoir, si Messieurs du Seminaire des Missions étrangeres ont presenté, ou présenteront leur lettre au Pape ? On luy demanda quelle raison il avoit d'en douter, vû le titre de la lettre, & que ces Messieurs y parlent au Pape d'un bout à l'autre?

J'en ay plusieurs raisons, répondit-il, qui me paroissent assez bonnes. La premiere, que le Pape étant saisi depuis long-tems de l'affaire, ces Messieurs luy

luy ayant déja écrit, pour le ſupplier de la decider, Sa Sainteté ayant entre les mains les memoires des deux parties, & toutes les pieces du procés, il paroît inutile de luy adreſſer une ſeconde lettre, qui ne dit rien de nouveau, & qui ne peut nullement entrer en preuve.

La ſeconde raiſon eſt, que cette lettre n'eſt point écrite du ſtile, dont on a coûtume d'écrire au Vicaire de JESUS-CHRIST, quand on s'adreſſe à ſon Tribunal pour des matieres de Religion. Car quoy qu'il ſoit permis en ces occaſions de faire valoir ſes raiſons autant que l'on peut, qu'il ne ſoit pas même défendu d'y employer l'art & la force de l'éloquence, pour fortifier ſon bon droit, ou pour faire ſentir la mauvaiſe conduite, ou la mauvaiſe foy de ſes adverſaires, on doit le faire neanmoins avec certaines précautions. S'il y a du feu dans la compoſition, il doit étre ſans emportement; l'aigreur des invectives en doit étre bannie; les traits injurieux, & tout ce qui a l'air de ſatyre, ne conviennent point dans une telle Supplique: Ce ſeroit manquer au reſpect dû à la Majeſté Pontificale. En un mot il n'eſt jamais permis de dire d'injures, ni d'outrager perſonne en parlant, ſoit de bouche, ſoit par écrit, à un Pape, à un Roy, à un Souverain.

La troiſiéme raiſon, c'eſt qu'il ſeroit, ce ſemble, contre le bon ſens d'envoyer de France au Pape dans une lettre des pieces, qui auroient été faites à Rome par ſon ordre. On pourroit l'en faire ſouvenir, ou les luy indiquer, s'il en étoit beſoin: mais luy en adreſſer une copie, comme dans cét écrit on luy en adreſſe une tout au long des quéſtions propoſées à Mr Aleoniſſa ſur les ceremonies de la Chine, que le Pape a dû voir long-tems avant que Meſſieurs des Missions étrangeres en eussent communication, cela paroîtroit ridicule.

La quatriéme raison semble encore plus forte. Elle étoit prise de ce que ces Messieurs disent au Pape dans leur lettre, qu'ils esperent obtenir de Sa Sainteté la permission de la rendre publique. Cela suppose que cette lettre a été faite premierement en Latin, ou en Italien, afin qu'elle fût vûë du Pape; qu'elle a été ensuite envoyée à Rome, & puis présentée au Pape, qui l'a agrée, & qui a trouvé bon qu'elle parût en France; que cette nouvelle a été apportée de Rome à Paris; que sur cette permission on a fait traduire & imprimer la lettre. Voila bien des choses en peu de tems, disoit cette personne, qui avoit examiné les dates. Car enfin la lettre a été faite à l'occasion de celle du P. le Comte, qui ne parut que vers Pâques. Celle-ci a paru dés le commencement de Juin, & est datée du 20. d'Avril. Il faut donc qu'elle ait été composée, envoyée à Rome, présentée au Pape, qu'elle luy ait été lûë, qu'il l'ait approuvée, que cela ait été sçû en France, qu'enfin la lettre ait été traduite en François, & imprimée, & que tout cela se soit fait dans l'espace de quinze jours. Si cela est, il faut avoüer que les couriers de ces Messieurs, leurs Agens à Rome, leurs Auteurs, leurs Traducteurs, leurs Imprimeurs sont d'une promptitude, qui n'a point d'égale. Mais non, ajoûta-t-il, ce n'est point pour instruire le Pape, que ces Messieurs ont écrit: c'est pour quelque autre fin, qu'il est aisé de deviner. Leur lettre est adressée au Pape, comme on en adresse quelquefois à un *Mr l'Abbé* en l'air. Cela paroît un peu familier, & je leur pardonnerois moins cette liberté, que de n'avoir pas fait assez d'attention à la vray-semblance des dates.

Ces obſervations firent au moins douter ſi la lettre avoit été ſerieuſement adreſſée au Pape, & donnerent à cét écrit un certain air de libelle, qui ne luy fut pas avantageux.

Mais ce qui ſurprit encore plus la Compagnie, ce fut qu'un Docteur, qui venoit actuellement de l'Aſſemblée de Sorbonne, tenüe le troiſiéme d'Aouſt, dit que celuy, qui avoit denoncé à la Faculté les propoſitions du Pere le Comte, avoit declaré en preſence de tous les Docteurs, que la lettre de Meſſieurs des Miſſions étrangeres n'avoit point encore été preſentée au Pape. On fit l'objection, que dans la page neuviéme le contraire eſt manifeſtement ſuppoſé, puis qu'on y demande à Sa Sainteté la permiſſion de rendre la lettre publique, & de la faire paroître avec ſon nom. On fit à cette occaſion quantité de nouvelles reflexions.

Vous ſçavez parfaitement, Meſſieurs, le myſtere, qu'il y a en tout cela, & qu'on tâche en vain de penetrer. Vous vous en expliquerez, ſi vous le jugez à propos. Ce que nous ſouhaitons uniquement avec paſſion, pour l'eſtime & pour le reſpect, que nous avons pour vous, c'eſt de vous avoir donné par cét écrit une idée de la conduite des Miſſionaires de la Chine, plus juſte que celle, que vous en aviez, & de vous avoir inſpiré quelque regret d'en avoir tenu à nôtre égard une ſi dure, & que nous avions ſi peu meritée de vous.

FIN.

www.ingramcontent.com/pod-product-compliance
Ingram Content Group UK Ltd.
Pitfield, Milton Keynes, MK11 3LW, UK
UKHW021113260726
13994UKWH00002B/866

9 782329 414867